初中级水平德语母语学习者汉语名量词习得研究

葛婧婧 著

南京大学出版社

图书在版编目(CIP)数据

初中级水平德语母语学习者汉语名量词习得研究 /
葛婧婧著. — 南京：南京大学出版社，2017.8
ISBN 978 - 7 - 305 - 19231 - 9

Ⅰ. ①初… Ⅱ. ①葛… Ⅲ. ①汉语－数量词－对外汉
语教学－教材 Ⅳ. ①H195.4

中国版本图书馆 CIP 数据核字(2017)第 203643 号

出版发行　南京大学出版社
社　　址　南京市汉口路 22 号　　　　　邮　编　210093
出 版 人　金鑫荣
书　　名　**初中级水平德语母语学习者汉语名量词习得研究**
著　　者　葛婧婧
责任编辑　黄隽翀　　　　　　　　编辑热线　025 - 83685720
照　　排　南京南琳图文制作有限公司
印　　刷　南京大众新科技印刷有限公司
开　　本　890×1240　1/32　印张 4　字数 127 千
版　　次　2017 年 8 月第 1 版　2017 年 8 月第 1 次印刷
ISBN 978 - 7 - 305 - 19231 - 9
定　　价　22.00 元

网址：http://www.njupco.com
官方微博：http://weibo.com/njupco
官方微信号：njupress
销售咨询热线：(025) 83594756

摘　要

　　已有的研究显示:汉语名量词在第二语言习得中有较高的偏误率;其中欧美学习者总体偏误率高于日韩,并表现出不同的习得特点;名量词的习得与语言水平表现出关联,初中级学习者表现出较多偏误。现有的欧美学习者名量词习得研究中,针对德语母语学习者的名量词习得的研究很少,仅个别研究对数量不多的名量词进行了问卷调查。本文对初中级水平德语母语学习者名量词的习得情况进行了专项研究,可为基础阶段的语别化教学提供参考。

　　第一章首先分析研究的意义;其次,对名量词的分类、名量词的语义和认知、名量词的习得与教学方面的研究现状进行综述和分析;最后,根据本文的研究目的提出研究问题,并列出以语料库检索、问卷调查、统计分析为基础的研究方案。

　　第二章为基于语料库的德语表量名词分析。通过对德语母语语料库的检索,分析德语表量名词的用例与词频,并与汉语名量词进行对比,作为分析学习者名量词习得情况与习得影响因素的基础。

　　第三章为基于中介语语料库的名量词习得研究。通过对中介语语料库进行检索,获得中介语名量词的用例和词频,并对中介语名量词的使用情况与偏误情况进行具体分析。在语料库词频数据的基础上进行相关分析,通过中介语量词词频与德语表量名词、目的语名量词词频的相关性,分析母语对应项和目的语输入对名量词习得的影响。

第四章为基于问卷调查的名量词习得研究。首先,通过语义判断测试、量名匹配测试、语法判断测试,分析学习者对名量词语义、匹配、语法的习得情况。其次,在量名匹配测试正确率的基础上,分析名量词的项目难度、类别难度、学习者的习得特点。最后,通过匹配测试正确率与量词名词词频的相关分析,分析目的语词频对名量词习得的影响;通过问卷测试项目的因子分析,分析语义对名量词习得的影响;通过匹配测试正确率与母语表量名词词频的相关分析和习得情况总结,分析母语对名量词习得的影响;并对影响名量词习得的其他因素进行总结。

第五章为研究结论与相关建议。本文的结论如下:(1)初中级水平的德语母语学习者对名量词的语义、匹配、语法具有一定的习得。学习者具备一定的语义归纳能力,对名量词的习得并不完全依靠记忆。量名匹配的习得情况中,常用项目、具体项目、有生项目、外形显著的项目习得较好,抽象的项目习得较差。学习者对名量词遗漏、名量词多余判断较好,能判断大部分的名量词搭配不当,在数量短语的“的”字多余,与名量词有关语序不当方面判断正确率较低;学习者对数量短语的基本结构习得较好,在复杂语法条件下表现出偏误。(2)不同的名量词项目、不同的名量词类别在习得难度方面具有差异。本文在问卷正确率的基础上,按照 10 个等级对 35 个常用名量词进行了难度级别划分,并按照功能分类与语义分类分析了名量词类别的难度顺序。(3)初中级德语母语学习者名量词的习得处于较基础的阶段,在涉及与已有知识不符的新项目时易表现出偏误。

学习者的习得情况与英语母语者表现出共性，也表现出德语母语者独有的语别特点。（4）词频与名量词的习得具有关联。中介语名量词的使用情况与汉语量词词频高度相关。专职量词的习得情况与名词词频中度相关，个体量词的习得情况与量词词频中度相关。因子分析显示，名量词的习得与语义因素具有关联。母语对名量词的习得也具有影响。中介语名量词的使用情况与母语对应项具有相关性；具体名量词的习得情况与母语对应项也表现出关联。影响名量词习得的其他因素有学习策略、教学因素、学习时长、学习环境等。根据研究结论，本文建议学习者对不同类别的名量词采用不同的学习策略，使用一定的学习方法降低偏误；建议教学者对不同类别的名量词采用不同的教学方法，根据学习阶段与项目难度对名量词语法进行分步教学。

关键词:初中级水平　　德语母语学习者　　名量词　　习得难度
习得影响因素

Abstract

Previous studies have shown that the acquisition of Chinese nominal classifiers has a high rate of errors. The error rate of European and American learners is higher than that of Japanese and Korean learners. There appears to be a correlation between the acquisition of nominal classifiers and language proficiency, as learners at elementary and intermediate levels exhibit more errors than advanced learners do. Of the studies on European and American learners' acquisition of nominal classifiers, few were conducted on German-speaking learners. The only study involving German-speaking learners was a questionnaire survey concerning a limited number of nominal classifiers. The present study is a comprehensive analysis of elementary- and intermediate-level German-speaking learners' acquisition of nominal classifiers. The significance of this research stems from its provision of a valuable reference resource for basic-stage language teaching of students with the specific German-speaking linguistic background.

The first chapter describes the significance of research, the current research status concerning the classification of nominal classifiers, the semantics and cognition of nominal classifiers, and the acquisition and pedagogy of nominal classifiers. It then formulates research questions according to the research purpose, and introduces the research plan, which included corpus retrieval, questionnaire survey and statistic analysis.

The second chapter is corpus-based analysis of German partitive nouns. Use cases and use frequency of German partitive nouns were acquired through information retrieval of German native corpus, compared with that of Chinese nominal classifiers, and taken as the basis for the analysis of classifier acquisition and influential factors.

The third chapter is corpus-based acquisition analysis of nominal classifiers. Using cases and Using frequency of inter language nominal classifier use were acquired through the information retrieval of interlanguage corpus, and analyzed. Correlation analysis was conducted on the basis of corpus frequency; correlation between interlanguage use frequency and frequency of German partitive nouns and Chinese nominal classifiers was examined, and the influences of mother tongue and target language input-frequency on the acquisition of nominal classifiers were explored.

The fourth chapter is based on questionnaire survey. First, on the basis of results from semantic judgement test, noun-classifier matching test and grammar judgement test, the acquisition of nominal classifier semantics, noun-classifier matching and grammar items by German-speaking learners at elementary and intermediate levels was analyzed. Second, on the basis of accuracy results of noun-classifier matching test, item difficulty and category difficulty of nominal classifiers and acquisition characteristics of German-speaking learners at elementary and intermediate levels were analyzed. Last, through correlation analysis among accuracy and nominal classifier and noun frequency, the influence of target language frequency was examined; on the basis of factorial analysis of six tests, the influence of semantic factors was analyzed; through correlation analysis between accuracy results and German partitive noun frequency, the influence of mother tongue was examined; and, finally, additional influential factors on the acquisition of nominal classifiers were summarized.

The fifth chapter presents the conclusions and provides suggestions. The findings of this research and the conclusions derived are summarized below.

(1) Learners have a certain degree of acquisition on nominal classifiers' semantics, matching and grammar. Learners have certain semantic generalization ability, and their acquisition of nominal classifiers do not entirely rely on rote memorization. In the acquisition of noun-classifier matching, frequently used items, concrete items, animate items, and items of salient shapes have relatively higher levels of acquisition, whereas abstract items have relatively lower levels of acquisition. Learners can efficiently

identify errors in classifier redundancy and omission of numeral-classifier phrases, have considerable levels of judgement accuracy of noun-classifier matching, but have low levels of judgement accuracy of "de-" redundancy in numeral-classifier phrases and wrong orders relevant to nominal classifiers. Learners have a good command of the basic structure of numeral classifier phrases; but show errors under complex syntax conditions.

(2) Different classifiers and classifier categories have different acquisition difficulty. This article analyzes the degree of difficulty of 35 frequently used nominal classifiers according to 10 levels, and lists the order of difficulty of classifier categories in grammatical classification and semantic classification.

(3) The acquisition ability of German-speaking learners at elementary and intermediate levels is still at the foundation level. When faced with new items inconsistent with old knowledge, they have a tendency to generate errors. Their acquisition performance has similarities with that of English-speaking learners, but also presents unique characteristics related to linguistic background.

(4) The acquisition of nominal classifiers has correlation with Chinese word frequency. Interlanguage use frequency of nominal classifiers has a high correlation with the frequency of Chinese classifiers. The acquisition level of fixed classifiers has a medium correlation with the frequency of Chinese nouns while the acquisition level of individual classifiers has a medium correlation with the frequency of Chinese classifiers. Factorial analysis showed

that the acquisition of nominal classifiers has correlation with semantic factors, and mother tongue also has an impact on the acquisition of Chinese nominal classifiers. Interlanguage use frequency has correlation with the frequency of German partitive noims, while the acquisition of nominal classifiers shows relevance to German counterparts. Other influential factors included learning strategies, teaching influence, duration, and learning environment.

Based on these results, we suggest that learners adopt different learning strategies toward different types of classifiers and use certain learning methods to reduce errors and improve acquisition. We further recommend that teachers use different teaching methods toward different categories of classifiers and step-by-step teaching of grammar items relevant to nominal classifiers according to item difficulty and learning level.

Key words: Elementary and intermediate level; German-speaking learners; Chinese nominal classifiers; Acquisition difficulty; Influential factors of language acquisition

目 录

第一章
绪　论

1.1　研究意义

　　已有的量词习得与教学研究显示,学习者在量词习得中表现出较多偏误,其中欧美学习者偏误率高于日韩;不同母语的学习者表现出不同的习得特点;量词的习得同时表现出与语言水平的关联。目前对其他语种包括英语母语者的量词习得均有研究,德语母语学习者的名量词习得研究很少;现有的研究仅见于杨妹(2012)对初中级学习者总体习得难点分析,涉及的量词数量不多,对量词各类别的习得情况未作具体分析;有必要进行更深入的研究以提高语言教学的针对性。本文的专项研究对德语母语学习者名量词习得的多个方面进行了分析,有助于给语别化的教学提供参考。初中级为量词习得的基础阶段,量词的主要教学任务也在这一阶段完成。如果不在初中级阶段建立良好的学习基础,将在语言学习的较高阶段出现"化石化"。初中级阶段的学习者也表现出较多的偏误,对这一阶段学习者的偏误情况、习得情况进行具体分析,可以有助于了解基础阶段的习得特点,在此基础上提出针对性的教学对策,在语言学习的关键时期发挥促进作用,对德语及其他语种母语的学习者名量词的习得与教学均有参考意义。根据大规模语料库的调查结果,名量词偏误在量词偏误中有较高比例(97.79％)[①]；在量词分布中，名量词也有较大比重；同时，名量词与动量词涉及不同的语法特征与语义特点；本文的研究针对名量词进行。本文根据初中级德语母语学习者中介语使用情况及问卷调查结果，具体分析学习者名量词的习得情况、偏误情况、各类名量词的习得差异、名量词习得的影响因素等，为具体的教学工作提供参考。

1.2　现状分析

国内外学术界对名量词进行了多角度的研究。国外的研究中：类型学在数十到数百种语言的基础上进行了跨语言对比，并分析了量词型语言的语义共性，归纳出量词的基本语义参数。认知研究对汉语名量词的语义及语法进行了认知分析。习得研究结合认知分析对第一及第二语言学习者的名量词习得情况进行了横向或纵向研究。国内的研究涉及本体研究、习得研究、教学研究多个方面，发表了核心期刊论文 877 篇，学位论文 320 篇，其中本体研究的成果较多，教学与习得研究有待进一步地发展，在所有研究中的百分比约10％，量词研究多涉及名量词，针对名量词的专项研究约 9％。以下对名量词的分类、语义研究、认知研究、教学与习得研究等方面与本文相关的研究进行综述与分析。

1.2.1　名量词的分类研究

在名量词的分类方面，具有侧重语法功能或语义的两种分类

---

① 唐翠菊(2007)：日语母语者和英语母语者汉语量词习得偏误分析，见赵金铭等主编《基于中介语语料库的汉语句法研究》，北京：北京大学出版社，第 157 页。

方法。

（1）以功能为主的分类

赵元任（1980）在《中国话的文法》将名量词分为单位词或个体量词、跟动—宾式合用的单位词、群体量词、部分量词、容器量词、暂时量词、标准量词、准量词或自主量词。朱德熙（1982）、吕叔湘（1980）、刘月华（2001）的分类方法主体与此一致，在不定量词、部分量词、容器量词、复合量词等类别的划分方面存在差异。何杰（2008）在各家分类的基础上进行了综合，根据匹配的限定性区分了专职量词与其他个体量词，根据表量的相对性区分了集合量词与部分量词，根据表量的临时性区分了容载量词与临时量词，将名量词分为 7 类：（1）个体量词；（2）集合量词（定量词、不定量词）；（3）部分量词；（4）专职量词；（5）借用名量词（容载量词）；（6）临时名量词；（7）度量衡量词，此外，名量词还包括兼职量词中的"名量词兼动量词"。这一分类以语法功能为主，参考语义，对名量词进行了较为全面的划分，对于考查语法功能差异的各类名量词的习得特点具有适用性，因此本文采用这一分类方法进行功能类别的名量词习得分析。其中，度量衡量词在日常语言中频率较低，未列入考察范围。

（2）以语义为主的分类

Tai（1994）对分类词进行了语义分析，对"分类词"（classifier）与"表量词"（measure word）进行了区分，按照分类词选择物质或功能的显著可察的永久属性对名词实体进行分类，表量词不具备分类功能而是对名词实体进行数量标示①。Peggy Li（2010）对此进行了进

---

① Tai, James H-Y, (1994) Chinese Classifier Systems and Human Categorization. In Matthew Chen & Ovid Tseng (eds.), *In Honor of Professor William S-Y. Wang：Interdiscipllnary Studies on Language and Language Change*, Taipei：Pyramid Publishing Company. 481.

一步的分析,将前者称为"分类量词"(soral classifier),后者称为"表量量词"(mensural classifier)。分类性质的量词对应功能分类中的"个体量词",表量性质的量词对应功能分类中的"集合量词、部分量词、容载量词、临时量词"。"分类词"的具体研究中,张赪(2009)在类型学的框架下,从生命度、外形、功能等角度对汉语个体量词进行了分析,将个体量词分为7类:(1)通用量词;(2)指人量词;(3)动物量词;(4)植物量词;(5)形状量词;(6)外部特征量词;(7)功用特征量词。其中,(2)~(4)为专用量词,(5)~(6)为外形特征量词,(7)包括表示交通工具、处所、事件等不同功用特征的量词。这一分类对量词的语义维度有较为全面的反映,对于从语义角度分析名量词的习得特点具有适用性;同时与国外名量词习得研究中的量词分类具有一致性,因此本文关于不同语义类别的名量词习得分析主要参考这一分类方法。

量词的语义与功能是密切相关的两个方面。以功能为主的分类须参考量词的语义内容,以语义为主的分类同样对功能进行分析,两者是同一个问题的两种分析方法,反映不同的侧面。在名量词的习得研究中,国内的研究主要采用以功能为主的分类,国外的研究多从认知角度进行类别分析。在过去的研究中,缺乏两种分析方法的参照对比,不利于全面地观察名量词的习得情况。在本文的研究中,并列两种分类,采用多种视角分析名量词的习得情况,以全面地反映学习者名量词的习得特点。以下对两种分类方法的对应关系进行列表分析。在下文中,为便于称述,简称"功能分类""语义分类"。

表 1.1　功能分类与语义分类的对应关系表

功能分类	语义分类		
	生命度	外形	功用
个体量词	通用量词		
		形状量词	
		外部特征量词	
			功用特征量词①
专职量词	指人量词		
	动物量词		
	植物量词		
			功用特征量词
兼职量词			功用特征量词
集合量词			
部分量词			
容载量词			
临时量词			

1.2.2　名量词的认知及语义研究

在类型学研究中,Allan(1977)在 50 多种语言对比的基础上,对分类词语言的语义共性进行了分析,归纳出分类词的 7 个语义参数(semantic parameter):(1) 物质性;(2) 形状;(3) 属性;(4) 大小;(5) 方位;(6) 组织方式;(7) 量。Tai(1994)对汉语量词的语义参数进行了具体分析,指出汉语分类词涉及 7 项参数中的前 4 项,第 5 项

---

① 语义分类中的功用特征量词既包括"部""笔"等多匹配个体量词,也包括"辆""本"等专用量词,以及"场""堂"等名量词兼动量词,分别对应功能分类中的个体量词、专职量词、兼职量词。

方位为汉语量词所无,(6)～(7)为表量词所涉及,并结合汉语量词的具体特征增加了参数"显著局部"。Tai 对汉语个体量词的 5 项参数分析为:(1) 生命度;(2) 形状:条形、面状、圆状;(3) 大小;(4) 属性;质坚、质柔;(5) 显著局部。Aikhenvald(2003)在 500 多种语言的基础上对语义参数进行了修订,增加了一些新的项目,其中"功能"参数对汉语量词具有适用性,为分类研究所借鉴。

在认知语言学的研究中,Langacker(1991)用认知语法图示了数量结构中表形状量词"条"对名词特征的逐步详述,分析了数量短语的认知过程。Lakoff(1986)用原型理论阐释了日语分类词"本"(hon)各个义项之间的关联。Tai(1990;1994)用原型、家族相似等理论对汉语表形状量词"张""条"进行了认知分析。认知语言学中的原型理论能较好阐释量词的引申意义,在汉语个别量词的语义分析中被广泛运用,如缑瑞隆等(2009)对种类量词的分析、樊中元(2009)对圆状量词的分析、周芍(2010)对"层、重"的分析。除语义分析之外,石毓智(2001)通过各维的数量关系分析了形状量词的认知基础、姚双元(2002)通过要求被试画出"条""张""堆"的简单图形分析了语言使用者的认知共性。认知心理学的研究则证实了量词认知涉及多种语义加工活动,集合量词与个体量词可能涉及不同的语义加工方式(Tai-Li Chou,2012)。

量词的语义参数分析了量词的基本语义维度,列出了量词语义的纲目,对名量词的教学及习得研究均有参考意义。认知研究分析了数量短语的认知过程,对多义及近义量词进行了认知分析,并揭示了量词与认知的联系,可以作为名量词习得研究的参考。认知心理学通过实证研究分析了集合量词与个体量词的认知差异,提供了量词习得类别差异的心理学佐证。本文将参考量词的语义参数,设计专项的语义测试,分析语义习得中的认知作用;在量词匹配测试中,考查多义量词的习得情况;并对名量词习得的类别差异进行分析。

1.2.3 名量词的习得研究

1.2.3.1 第一语言的名量词习得研究

方富熹(1985)对4～6岁的汉语及粤语儿童的名量词习得情况进行了研究,第一语言学习者在量词习得方面表现出一定的顺序,学习者首先习得了通用量词"个",其次为概括性较低的"本""双"等,概括性较高的外形特征量词习得较为滞后;对不同年龄段的学习者空间知觉量词的测量显示,学习者量词的习得水平与认知发展具有关联。彭新鼎(1986)对3～6岁儿童量词的习得研究显示,学习者量词的掌握具有一定的先后顺序,3～4岁的儿童习得的量词项目有"个""只""根",5～6岁的儿童对集合量词有一定的习得。同时研究者指出,儿童量词的习得水平与认知水平密切相关,学习者对日常生活中的常用量词习得较好。Mary S. Erbaugh(1986)对汉语儿童量词的习得情况进行了纵向研究,分析了第一语言各类量词的发展顺序,在名量词中,学习者首先习得了离散、可数、可移动物体的量词,其次为较大的不可移动物体的量词,抽象量词和表敬量词习得较为滞后。Peggy Li(2010)等对儿童个体量词与表量量词的习得情况进行了横向调查。研究显示:3岁以前儿童个体量词(把、根、条、块、朵、颗、条、块、张、只)的习得情况优于表量量词(堆、排、杯、盒),4岁以后表量量词的习得水平得到显著提高。研究者进行了认知分析,认为4岁以上的儿童习得了量词蕴含的"单位"义。

第一语言的名量词习得研究反映了名量词的习得具有一定的顺序,同时量词的习得与认知具有联系,对于第二语言名量词的习得研究具有借鉴意义，本文将在具体分析中对此加以参考。

1.2.3.2　第二语言的名量词习得研究

国外的研究代表性的有 Szu-Hen Liang(2009)对英语母语者和韩语母语者名量词习得情况的对比研究。该研究分析了名量词习得的阶段差异、语别差异、类别差异以及学习者在量词习得中的认知特点。在这项研究中，量词的习得情况表现出与语言水平的正相关；英语母语者总体测试表现低于韩语母语者；各类量词的习得方面，二维量词的习得情况好于一维量词、三维量词，有生量词的习得好于功用量词；第二语言学习者表现出与第一语言者相似的原型认知。

国内对不同母语背景的学习者进行了多角度的名量词习得研究，包括偏误分析、类别习得顺序分析、习得影响因素分析等。

（1）学习者的偏误情况

唐翠菊(2007)通过对 352 万字"留学生中介语语料库"进行检索，共检索出英语母语者和日语母语者量词偏误用例 7 011 条，并对各类偏误的分布情况进行了分析。其中，名量词搭配不当 77.49%、名量词多余 10.70%、名量词短语位置不正确 3.69%、其他名量词偏误 5.90%、动量词偏误 2.21%。不同母语背景的偏误情况中，英语母语者偏误率高出日语母语者近两个百分点[①]。黎仲明(2012)在 6 万字的英语学习者书面语语料的基础上分析了各类名量词偏误的百分比，其中，误代 65.04%，遗漏 9.79%，误加 6.29%，错序 18.88%。刘犇(2013)对 6 名中级水平的英语母语学习者进行了跟踪调查，并分析了各类名量词偏误的百分比，在这项研究中，误用 63.49%，缺失 9.52%，冗余 21.43%，搭配成分残缺或不当 3.97%，其他

---

① 由于语料库检索条件的限制，该研究未能反映量词遗漏偏误的情况。

1.59%。伏学凤（2007）在5万字初、中级日韩留学生作文语料的基础上分析了日韩学习者的偏误情况，日韩学习者量词使用的总偏误率为19.19%，其中，量词误用29.7%，量词缺少10.3%，量词多用7.0%，位置不当53.0%。通过以上数据可以看出，名量词搭配不当是第二语言学习者的主要偏误类型，不同样本的英语母语者表现出不同程度的名量词多余、名量词位置不当偏误，各样本均有一定比例的名量词遗漏偏误。由于英语与德语同属印欧语系，英语母语者的习得情况对德语母语者具有较大的参考意义。日韩学习者表现出较高的位置不当偏误，根据研究者的分析，由于日语韩语的语序与汉语存在差异。考虑动量词因素，日韩学习者与英语母语者仍然表现出一定的差异。学习者的偏误情况从另一个角度反映了名量词的习得具有语别差异，学习者的习得情况可能表现出与母语相关的特点。

在具体的搭配偏误中，英语母语者表现出：（1）"个"的泛用；（2）同音量词混用，如，棵、颗、副、幅、只、支；（3）同类别量词混用，如，名、位、头、匹；（4）近义量词混用，如，条、根。（黎仲明，2012）

根据杨妹（2012）对德语教学难点的分析，德语母语者在量词使用中的常见偏误有：遗漏、多余、搭配不当。在具体的搭配不当偏误中，表现出："个"泛用，如"一个伞"；近义量词混用，如"一头猫"；语义分析偏误，如"一件裙子"。

现有的研究未反映德语母语者量词习得的偏误数据，本文将对此加以研究；同时参考其他语种的偏误情况，分析德语母语学习者与其他语种母语学习者的共性与差异，以反映德语母语者的习得特点。

（2）具体名量词的习得

黎仲明（2012）、郑渊暸（2012）、杨妹（2012）分别对初中级英语母语者、初中级韩语母语者、初级德语母语者进行了问卷调查。各项研究反映了不同的习得情况。以下根据正确率分别进行概述。

根据黎仲明(2012)的研究,英语母语者的习得情况中:机器类常用个体量词"台"习得情况较好,正确率高于80％。专职量词的正确率较为集中,大部分专职量词的正确率位于50％～70％[①]区间,其中"封""本"习得较好,个别专职量词正确率低于40％。外形特征量词的习得情况居中,位于40％～60％区间,其中一维量词、二维量词习得情况好于三维量词。集合量词中,常用的不定量集合量词"点"正确率略高,为54.79％,低频集合量词"束"正确率低于30％。部分量词"层"的常用匹配"一层楼"正确率较高,为65.75％。容载量词、临时量词正确率较低其中容载量词"杯""盒"正确率低于30％,临时量词"身"正确率低于40％。

根据杨妹(2012)的研究,德语母语者的习得情况中:容载量词"杯"、指人量词"位"习得较好,正确率高于80％;通用量词"个""只"正确率高于60％;专职量词"辆""头""家",形状量词"条"、通用量词"件"习得情况中等,在40％～60％区间;外部特征量词"把"正确率低于30％。

根据郑渊曍(2012)的研究,韩语母语学习者的习得情况中,正确率高于60％的已习得的项目包括集合量词、临时量词、部分量词以及专职量词,其中集合量词"双""群",监时量词"身",部分量词"滴""节",专职量词"所",正确率高于70％。存在韩语对应项的有"双""节""所"等。

通过对比可以看出,英语母语学习者与德语母语学习者表现出一些共性,如专职量词习得较好;也表现出一些差异,德语母语者的

---

① 除区间上界为100％时包含区间上界,其他各区间包含区间下界,不包含区间上界。

容载量词习得情况显著好于英语母语者。韩语母语者的习得情况表现出与英语及德语母语学习者不同的特点，习得情况表现出与母语的相关性。本文将通过问卷调查对德语母语学习者的情况进行进一步的研究，并结合母语具体分析德语母语者的习得特点。

（3）各类名量词的难度顺序

张婷（2004）对亚裔学习者进行了问卷调查，根据正确率分析了量词的习得顺序。刘韓（2013）对英语母语者进行了问卷调查，根据正确率分析了各类量词的难度等级。董雅莉（2012）对各国别的学习者进行了问卷调查，对初中高各级学习者习得的量词进行了汇总，分析了量词的习得顺序。以上研究在分析方法上具有一致性，分析的主要依据为正确率数据，均对名量词的习得难度有所反映，各项研究的结论如下：

张婷（2004）：度量词＜个体量词、集合量词＜借用量词＜抽象名词前的量词。

刘韓（2013）：度量词＜个体量词、集合量词＜不定量词、借用量词。

董雅莉（2012）：基本的个体量词、度量词、借用量词＜稍有难度的个体量词＜难度较大的个体量词、集合量词、难度较大的借用量词。该研究中较早习得的借用量词为容载量词，习得滞后的借用量词为临时量词。

各项研究表现出一致性，其中度量词习得难度较低，个体量词的习得难度低于集合量词。张婷（2004）的研究显示，抽象名词前的量词是习得的难点。董雅莉（2012）的研究显示，个体量词具有习得难度的差异、临时量词习得难度较高。本文将根据问卷调查的结果具体分析对于德语母语者各类名量词的习得难度。

（4）习得影响因素

关于名量词的习得影响因素，王敏媛（2007）分析了语义对名量词习得的影响，指出抽象意义是名量词习得的难点。董雅莉（2012）分析了词级与习得水平的相关性。郑渊曦（2012）分析了母语对韩国学习者名量词习得的影响，闫丽（2012）的中亚学习者量词习得研究与苏永锋（2012）的保加利亚学习者量词习得研究均不同程度地反映了母语在量词习得中的影响。刘韓（2013）通过英语母语学习者的量词习得研究，指出语言差异、量词难易度、学习者语言水平、量词频率、学习策略、学习环境等均对名量词的习得产生影响。此外，番秀英（2009）对泰国学习者个体量词的调查分析中，分析了汉泰语认知差异对名量词习得的影响，如"一头红薯"，郑渊曦（2012）的研究也指出，韩国学习者认为"鱼并不属于细长的东西"，因而表现出较多偏误。这些都反映了认知对名量词习得的影响。

第二语言的名量词习得研究取得了丰富的研究成果，但在对德语研究方面还存在一些不足，本文将参考以上研究成果，通过专项研究，具体分析德语母语者的偏误情况、名量词习得情况、对德语名量词习得难度以及德语母语学习者名量词习得的影响因素。

1.2.4 名量词的教学研究

在名量词的教学方面，各研究者根据实际的研究与教学经验提出了很多具有实际意义的教学建议。主要包括以下方面：（1）对教学顺序的建议。唐淑宏（2007）、王敏媛（2007）等提出了分阶段的教学方法，雷敏（2010）、刘韓（2013）建议根据名量词的难度分层级地教学，李月炯（2008）提出了循序渐进、交叉重现的教学原则。（2）语言对比的建议。番秀英（2009）、杨彩贤（2010）、许冰（2013）等建议进行汉外对比,对比不同语言的具体量词匹配,对汉外语法差异进行分析。雷敏(2010)建议对目的语近义项目及同类项目进行分析与对比,以降低学习者的偏误。(3)对教学法的建议。唐淑宏(2007)、彭媛(2009)提出了将量词与语境相结合的教学方法。针对不同语言的认知差异,番秀英(2009)建议培养以目的语思维的习惯。(4)改进教材的建议。张婷(2004)、李月炯(2008)、刘韡(2013)等提出了对名量词进行详细准确的释义、列出用例以及合理安排练习等建议。本研究将参考相关研究成果,根据研究结论,提出针对德语母语学习者的具体建议。

综合分析,名量词的习得研究已取得了一些研究成果,但语别化的习得与教学研究尚不充分,对德语名量词习得研究数量很少,具体的偏误情况、名量词的习得难度、德语母语者的习得特点、德语母语者的习得影响因素等方面均缺乏足够的研究数据,在教学中缺乏参考。本文将通过语料库的分析及问卷调查,对德语母语者名量词的习得情况进行较为全面的分析,给相关的教学与研究工作提供参考。

1.3 研究设计

1.3.1 研究问题

本文主要研究以下问题:

(1)初中级水平的德语母语学习者在名量词使用中表现出哪些偏误?这些偏误反映了什么问题?

(2)学习者对名量词的语义、匹配、语法的习得情况如何?是否具备一定的语义归纳能力?量词匹配测试的表现如何?能否对各类语法偏误做出正确的判断？

（3）学习者在具体名量词的习得方面，难点是什么？哪些量词难度较大，哪些量词难度较低？

（4）学习者名量词的习得是否表现出类别差异？各不同功能类别的名量词习得情况如何？各不同语义类别的名量词习得情况如何？

（5）初中级水平的德语母语学习者在汉语名量词的习得方面表现出怎样的习得特点？

（6）名量词习得的影响因素有哪些？母语、词频、语义对名量词的习得有多大程度的影响？各影响因素与不同类别的名量词是否表现出差异的相关性？

1.3.2　研究方法

本文首先通过对德语母语语料库、汉语本族语语料库的检索，获得德语表量名词、汉语名量词的词频和用例，作为分析习得情况与习得影响因素的基础；其次，对中介语语料库进行检索，分析中介语名量词的使用情况，并通过德语表量名词频次、汉语名量词词频与中介语名量词频次的相关分析，分析母语因素、语言输入对中介语名量词使用的影响；再次，对名量词各个类别、各个义项的习得情况进行全面的考察，分析名量词的习得难度，学习者的习得特点，并通过德语表量名词频次、汉语量词名词词频与问卷正确率的相关分析，分析母语因素、词频因素对名量词习得的影响，通过包含语义测试的问卷各项的因子分析，分析语义因素对名量词习得的影响。最后，综合两项研究，总结本文的研究结论，并提出相关的建议。

因此本文的研究方法主要有：（1）语料库检索，（2）问卷调查，

（3）统计分析。

1.3.2.1　语料库检索

本文分别对学习者母语语料库、汉语本族语语料库、中介语语料库进行检索，获得德语表量名词、汉语名量词、中介语名量词的用例与频次。各类语料来源如下：

学习者母语语料库：曼海姆语料库 2（Mannheimer Korpus 2，简称 MK2）。

没语本族语语料库：现代汉语研究语料库、现代汉语语料库。

中介语语料库：暨南大学中介语语料库、中山大学连续性中介语语料库。

其中，"曼海姆语料库 2"为中等规模的德语书面语语料库；本文的量词词频来源于标注词性的"现代汉语研究语料库"，具体名量词各匹配项的比例参考"现代汉语语料库"；由于德语母语学习者的语料较少，中介语语料为"暨南大学中介语语料库"与"中山大学连续性中介语语料库"的合并。

1.3.2.2　问卷调查

由于中介语语料仅能反映学习者常用的名量词及常用的匹配项的习得情况，不能对各类别的名量词及名量词各义项的习得情况进行全面的反映，因此本文设计了专项问卷，对涵盖各类别各义项的名量词的习得情况进行考察。问卷测试包括语义判断测试、量名匹配测试、语法判断测试三种测试。其中，语义判断测试考查学习者对名量词语义的习得情况，量名匹配测试考查学习者对量名匹配的习得情况，语法判断测试考查学习者对名量词相关语法的习得情况。语义判断测试的结果同时作为分析习得影响因素中语义因素的基础，量名匹配测试的结果作为分析名量词习得难度的基础，语法判断测试的结果可对学习者名量词习得的阶段特点进行反映。本研究对来自南京大学、河北北方大学、北京外国语大学、德国孔子学院、德国康斯坦茨大学等不同群体的学习者实施了调查,并进行了问卷的回收与分析。

1.3.2.3　统计分析

本文的统计分析方法主要包括:(1)频率分析、(2)相关分析、(3)因子分析。

（1）频率分析

频率分析采用常用的相对频率、平均频率的计算方法,分析中介语语料库名量词单项的相对频率和问卷名量词的平均正确率。在问卷名量词的平均正确率分析中,由于"1-错误选项的选择率"可能使正确率上浮,仅根据正确选项的选择率计算平均正确率。本研究涉及的频率分析公式如下:

相对频率＝单项频次/所有项目的频次和

平均选择率＝选择频次总和/(选项个数×N)　（N＝31）

平均正确率＝正确选项的选择频次和/(正确选项的总数×N)　（N＝31）

（2）相关分析

本研究通过德语表量名词频次、汉语量词词频与中介语名量词使用频率的相关分析,分析母语对应项、目的语输入对中介语名量词使用的影响。通过德语表量名词频次、汉语量词名词词频与问卷正确率的相关分析,分析母语对应项频次、语言输入频率与问卷正确率的相关性,并在此基础上分析母语因素、词频因素对名量词习得的影响。

（3）因子分析

由于测试项目第一题与第三题涉及语义分析,通过其他项目与这两题的相关性可以反映语义分析在名量词习得中的作用。本研究通过问卷各测试项目的因子分析,分析语义因素对名量词习得的影响。

第二章
基于语料库的德语表量名词分析

关于德语中的名量词对应项,钱文彩(2002)指出:"德语的量词不发达。只有少量的表示度量衡单位、集合名词、容器名词等的德语名词可视为汉语的量词。"[1]黎东良(2007)认为,这些词首先是名词[2]。本文通过对德语母语语料库 MK2 的检索,分析表量名词的比例,并进行德汉对比,作为分析名量词习得情况与习得影响因素的基础。表量名词的具体用例、对应情况分析和具体的词频数据,可用于分析中介语名量词使用的偏误、问卷具体名量词的习得情况;表量名词词频数据用于在习得影响因素分析中确定母语因素对名量词习得的影响。

2.1 表量名词词频分析

表量名词具有与数词共现的特点,通过对德语语料库数词用例的检索可以获得表量名词的用例和词频。在德语书面语语料库 MK2 中,数词 1~10 的用例在所有数词用例中的比例很高,数词 1 的用例为 6 892 条,2 以上依次递减,10 以上的数词用例多在 100 以

---

① 钱文彩(2002):《汉德语言实用对比研究》,北京:外语教学与研究出版社,第 205 页。
② 黎东良(2007):《最新德语汉语比较语法》,天津:天津大学出版社,第 87 页。

内。对数词 1～10 检索能覆盖大多数表量名词用例,具有较好的代表性。语料库数词与名词共现的用例中,大多数用例为"数词＋名词(复数)"形式,表量名词的使用比例很低。在 7 624 条数词用例中,表量名词的用例仅 155 例,其中"数词＋表量名词＋名词"的用例 88 例,表量名词后使用第三格介词 von 或第二格形容词的用例 67 例。各表量名词[①]的使用频次及主要用例如下:

表 2.1　德语语料库 MK2 表量名词用例及词频

表量名词分类	表量名词	释义[②]	频次	主要用例
度量衡单位 17	Yard	码	5	zehn Yard 十码
	Meter	米	4	drei Meter 三米
	Meile	英里	2	eine Meile 一英里
	Millimeter	毫米	1	sechs Millimeter 六毫米
	Pfund	磅	1	ein Pfund Glasscherben 一磅碎玻璃
	Unze	盎司	1	eine Unze Fett 一盎司脂肪
	Dollar	美元	3	drei Dollar 三美元
容器表量名词 22	Flasche	瓶	2	eine Flasche Whisky 一瓶威士忌
	Kiste	箱	1	eine Kiste Whisky 一箱威士忌
	Schachtel	盒	1	eine Schachtel Pralinen 一盒夹心巧克力
	Kanne	壶	1	eine Kanne Kaffee 一壶咖啡

---

① 参考黎东良(2007)汉德数量结构的对比研究,将德语表量词分为:个体表量名词、集体表量名词、部分表量名词、容器表量名词、临时容量表量名词、度量衡单位。

② 表量名词的释义参考叶本度(2000)《朗氏德汉双解大词典》。

表量名词分类	表量名词	释义①	频次	主要用例
	Schüssel	碗	1	eine Schüssel Milch 一碗牛奶
	Holzmörser	木臼	1	ein Holzmörser Mais 一木臼玉米
	Glas	（玻璃）杯	6	ein Glas Wasser 一杯水
	Tasse	（瓷）杯	4	eine Tasse Kaffee 一杯咖啡
	Packen	（大）包	1	ein Packen Geld 一大笔钱
	Päckchen	（小）包	3	ein Päckchen Zigaretten 一包烟
	Teller	盘	1	ein Teller Linsensuppe 一盘扁豆汤
个体表量名词 10	Band	卷/本/册	1	fünf Bände Akten 五卷文件
	Körnchen	（小）粒	1	ein Körnchen Wahrheit 一定道理
	Stück	个/只/件/枚/张/块/头/匹/段等	4	ein Stück Kuchen 一块蛋糕 ein Stück Leichtmetall 一块轻金属
			1	ein hartes Stuck Arbeit 一份艰难的工作
			1	ein Stück Papier 一张纸
	Bogen	张/页	2	ein Bogen Papier 一张纸
集体表量名词 103	Dutzend	打	8	ein Dutzend Männer 十几个人
	Art	种（物种）	17	eine Art geschlossenen Wall 一种密闭墙 drei Arten von Nebensätzen 三种从句

---

① 表量名词的释义参考叶本度（2000）《朗氏德汉双解大词典》。

表量名词分类	表量名词	释义①	频次	主要用例
集体表量名词 103	Sorte	种（品种）	1	zwei Sorten Vollmilch 两种全脂牛奶
	Menge	大量	15	eine Menge Leute 大量的人 eine Menge Bargeld 大量现金 eine Menge Dampf 大量蒸气
		不定量	4	eine bestimmte Menge Antifoam 一定数量的消泡剂
	Anzahl	不定量	10	eine Anzahl weiterer Elemente 一些其他因素
	Zahl	不定量	2	eine große Zahl von Abweichungen 大量例外
	Minderheit	少量	1	eine Minderheit von Besitzenden 少数富人
	Spur	微量	2	eine Spur Wehmut 一点儿忧郁
	Handvoll	把/几个/一撮	1	eine Handvoll Späne und Holztrümmer 一撮木屑和木头碎块
	Paar	双/对/副	1	zwei Paar Slipper 两双便鞋
	Reihe	排/行/列	23	eine Reihe schneeweißer Zähne 一排雪白的牙齿
				eine Reihe weiterer Adjektive 一长串其他形容词
	Gruppe	群（人/动物）组（事物）	6	eine Gruppe Siedler 一群垦荒移民 eine Gruppe vön Vögeln 一群鸟

① 表量名词的释义参考叶本度（2000）《朗氏德汉双解大词典》。

表量名词 分类	表量名词	释义①	频次	主要用例
	Meute	群（动物）	2	eine Meute Hunde 一群狗
	Rudel	群（动物）	1	ein Rudel Wölfe 一群狼
	Haufen	堆/群（贬）	4	ein Haufen Mobiliars Gegenstände 一堆家具物品 ein Haufen Gesindel 一帮恶棍
	Masse	（不成形的） 堆/团/块	1	eine Masse Melonenkerne 一堆 瓜子
	Bündel	束/把/捆/扎	1	ein Büdel Angst und Elend 一 束恐惧和痛苦
	Strauß	束（花）	3	ein Strauß Blumen 一束花
部分表量 名词 2	Tropfen	滴	1	ein Tropfen Blut 一滴血
	Schicht	层	1	eine Scihicht Gesicht 一张脸
临时容量 名词 1	Schluck	口	1	trank ein paar Schluck Wasser （喝了）几口水

2.2　德汉表量对比

在语法方面，德语数量短语有"数词＋名词（复数）""数词＋表量名词＋名词""数词＋表量名词＋（三格介词/二格形容词）＋名词"几种表量形式。其中"数词＋名词（复数）"占绝大多数，为 97.97%，表量名词的使用比例仅为 2.03%。表量名词用例使用三格介词或二

---

① 表量名词的释义参考叶本度（2000）《朗氏德汉双解大词典》。

格形容词比例高达 43.23%。汉语名词使用名量词的比例较高,同时占名量词大多数的个体量词在使用中一般不加"的"。在"现代汉语语料库"的数词用例中,名词与名量词共现的比例高于 50%;使用名量词的用例中,名量词与"的"同现的比例远低于 40%。德汉数量短语表量形式的差异对学习者汉语名量词的习得可能产生影响,本研究中在问卷中设计了针对性的测试,测量学习者对名量词遗漏、数量短语的"的"字多余的判断情况,以分析语法方面的差异对学习者名量词习得的影响。

从语义及匹配的对应情况来看,不同的表量名词与汉语名量词表现出不同的对应关系。具体对应情况如下:(1)一对一,如度量衡单位与大多数容器表量名词。(2)一对多,如通用表量名词 Stück,个体表量名词 Bogen 张/页,集体表量名词 Paar 双/对/副,Haufen 堆/群,Masse 堆/团/块。(3)多对一,如集体表量名词 Art/Sorte 种,Meute/Rudel/Gruppe 群,Strauß/Bündel 束。(4)不完全对应,如 Körnchen 指"小粒",在 alle ein Körnchen Wahrheit enthalten 中表示"每个人都有一定道理",汉语不具备这样的意义引申;Schicht 表示"层",但在德语中可用于 Gesicht 脸;Teller 表示"盘",德语用于 Suppe 汤。这些在匹配和语义方面与汉语名量词具有差异的德语项目可能影响学习者对事物的认识,并对其汉语名量词的习得产生影响。在问卷具体项目习得情况分析中,本文将对此有所涉及。

2.3 本章小结

本章通过德语语料库的检索,获得了德语表量名词的用例和频次,结合词频分析了德语表量名词与汉语名量词的语法差异,并分析了德语表量名词与汉语名量词的对应情况。德语表量名词在语法方面与汉语名量词存在差异，在匹配项目和语义方面与汉语名量词表现出不同程度的对应关系，这些都可能对学习者名量词的习得产生影响。本文将在相关章节中通过具体项目分析母语因素对名量词习得的影响，并通过数据分析，分析影响程度。

第三章
基于中介语语料库的名量词习得研究

本章进行了基于中介语语料库的名量词习得研究。首先,对"暨南大学中介语语料库"和"中山大学连续性中介语语料库"初中级德语母语者名量词语料进行了检索,在名量词用例和使用频次的基础上分析了中介语名量词的使用情况与偏误情况;其次,在中介语名量词使用频次的基础上进行了相关分析,通过德语表量名词词频、汉语名量词词频与中介语名量词使用频次的相关性分析了母语因素、目的语输入对名量词习得的影响。

3.1 中介语使用情况分析

通过对"暨南大学中介语语料库"和"中山大学连续性中介语语料库"约2万字的初中级水平德语母语学习者中介语语料的检索,共检索出用例111例。表3.1列出了中介语名量词的使用频次、正确频次、偏误频次和偏误率。表3.2列出了名量词的相对使用频率、正确使用相对频率及本族语的相对使用频率。

表 3.1　中介语语料库名量词使用情况

功能分类	语义分类	名量词	使用频次	正确频次	偏误频次	偏误率
个体量词	通量量词	个	78	72	6	7.69
		件	9	8	1	11.11
		只	1	0	1	100
	形状量词	张	1	1	0	0
		颗	1	0	1	100
	功用特征量词	台	1	0	1	100
		座	1	1	0	0
专职量词	指人量词	位	1	1	0	0
	功用特征量词	家	2	2	0	0
		本	1	1	0	0
集合量词		种	1	1	0	0
		些	11	10	1	9.09
		束	1	1	0	0
部分量词		段	1	1	0	0
临时量词		身	1	1	0	0
—		加总	111	100	11	9.91

表 3.2　中介语名量词的使用相对频率

功能分类	语义分类	名量词	使用相对频率(%)	正确使用相对频率(%)	本族语相对频率(%)
个体量词	通用量词	个	70.27	64.86	58.72
		件	8.11	7.21	2.56
		只	0.9	0	2.27
	形状量词	张	0.9	0.9	1.9
		颗	0.9	0	0.7

功能分类	语义分类	名量词	使用相对频率（%）	正确使用相对频率（%）	本族语相对频率（%）
	功用特征量词	台	0.9	0	0.86
		座	0.9	0.9	1.47
专职量词	指人量词	位	0.9	0.9	7.5
	功用特征量词	家	1.8	1.8	3.04
		本	0.9	0.9	0.82
集合量词		种	0.9	0.9	12.56
		些	9.91	9.01	6.08
		束	0.9	0.9	0.05
部分量词		段	0.9	0.9	1.1
临时量词		身	0.9	0.9	0.38
一		加总	100	90.09	100

中介语语料库中，学习者使用频率较高的项目有：(1) 通用量词"个"，频次为78次，明显高于其他项目，其中33次用于人，13次用于处所，17次用于时间，5次用于"钥匙"等具体事物，10次用于"办法"等抽象事物；(2) 通用量词"件"，频次为9次，使用率也较高，其中6次用于事情，3次用于衣物；(3) 集合量词"些"，频次为11次，其中3次用于人，1次用于处所，1次用于时间，3次用于"菜"等具体事物，3次用于"表演"等抽象事物。使用频次为2的项目有表示处所的功用特征量词"家"，均用于餐馆。其他使用频次为1的项目有：(1) 通用量词"只"，用于动物的错误匹配1次；(2) 形状量词"张"，用于典型的面状物"票"1次；(3) 形状量词"颗"，用于"祖母绿"1次；(4) 功用特征量词"台"，用于机器的错误匹配1次；(5) 功用特征量词"座"，用于"山"1次；(6) 指人量词"位"，用于"服务员"1次；(7) 表示功

用的专职量词"本"，用于"书"1次；(8) 表示种类的集合量词"种"，用于"爱国的精神"1次；(9) 集合量词"束"，用于"花"1次；(10) 部分量词"段"，用于时间1次；(11) 临时量词"身"，用于"一身汗"1次。

对比本族语量词词频相对值，学习者中介语名量词使用中"个""件""些"的频率显著高于本族语相对频率，其他量词的相对频率较低，相当数量汉语词频较高的量词在中介语语料库中未出现，学习者量词的使用还相当有限，"个""件""些"存在一定程度的泛用。其他中介语使用项目，大多数为具体事物的量词及最能代表量词特征的原型匹配；如"张—票""颗—宝石""座—山""本—书"；从"一只鱼""一台手提电话"的使用情况来看，学习者习得了"只—动物""台—机器"的匹配，对原型意义掌握较好。同时，名量词的使用情况表现出与母语的联系；如表示约数的集合量词"些"有大量德语对应项，学习者使用频率较高，并能与各类事物匹配；其他中介语使用的项目大多数具有母语对应项，如"个""只"—Stück，"颗"—Körnchen，"本"—Band，"种"—Sorte/Art"束"—Strauß，段—Strecke/Stück，其中部分项目词频较低，且较难归纳语义，如"颗""束""段"等。此外，学习者中介语量词的使用情况表现出与词频的联系；学习者对常用量词及常用匹配习得较好，如"家"的两个用例均用于餐馆；中介语使用的量词与本族语高频量词在项目上高度重合，如"个""件""只""张""种""些""家""位"等，这表明目的语输入对名量词的习得存在影响。在习得影响因素分析中，本文将通过相关研究分析具体的影响程度。

对比第一语言名量词的习得情况，成年学习者在名量词学习的初中级阶段已能使用一些较为抽象的项目，如"些""段""身"，第一语言儿童学习者习得的量词大多较为具体，集合量词"双""一双鞋"，其他表量量词也多为具体的容器量词等，如"盒""串"。成年人和儿童在量词习得方面表现出不同的认知特点。

3.2 中介语偏误情况分析

在 111 例名量词用例中,存在偏误的句子有 11 例,总偏误率为 9.91%,相对较高。11 例偏误中,"个"的偏误 6 例,"件"的偏误 1 例,"只""颗""台""些"的偏误各 1 例。其中名量词搭配不当 8 例,名量词多余 3 例。具体偏误句如下:

① 我们只以为北京有多的只是拉面所以和爸爸去了一家面店一进去我的爸爸连者叫了两个面……(中下　暨南)

② 下一次我们我一定要去另外一个医院。(中上　暨南)

③ 我自己要上学的时候一定要上他以前上的那个学校。(中下　暨南)

④ 突然她记住,出去的时候,经过奶奶的口口,她看到一个钥匙挂在外面的口。(中2　中山)

⑤ 我认为他找一个这么理想的女朋友不对。(中下　暨南)

⑥ 因为刘奶奶的女儿很久没给她妈妈打个电话,又很久不见她,所以她们一起聊天得很开心。(中2　中山)

⑦ 这件事件带来骄傲给德国人,另外德国人比以前更团结。(中3　中山)

⑧ 她想给他们吃得很饱,所以她一直买三只鱼。(中2　中山)

⑨ 怒江的水的颜色一直在改变,秋天它看起起比较脏,但是春天的时候它像一颗亮亮祖母绿!(中3　中山)

⑩ 因本人不慎,昨天晚上我的朋友在电影院丢失红色旅行包一个,内有衣服很多,手提电话一台。(中3　中山)

⑪ 在无处可避风的情况下,我们很多时候站在一些火的旁边。
(中下　暨南)

　　在 11 例名量词偏误中,"个"的偏误有 6 例,"个"的单项偏误率也较高,学习者表现出较为显著的"个"的泛用。用例①~④为名量词搭配不当,其中容载量词误用为"个"1 例,表处所的专职量词误用为"个"2 例,外部特征量词误用为"个"1 例。第①例中,"个—面"为不可接受的错误匹配,学习者可能受到"几个菜"的影响,产生目的语负迁移。第②例与第③例,学习者在较为正式的语体中使用了"一个医院"与"那个学校",表现出语用偏误。在汉语中,"一个医院""一个学校"在一定语境中是可接受的,但实际频次较低,在现代汉语语料库中"一家医院""一个医院"的频次比为 447:47,"一所学校""一个学校"的频次比为 224:161;两名学习者的用例中均出现了"一定",较为正式肯定,与"个"的用例语体不符;德语中有使用频率较高的副词 umbedint,可用于句中加强语气,意为"一定",一个语法完整的句子可加 umbedint,不影响其他项目,与汉语不尽一致,学习者受到母语影响,表现出语用偏误。第④例"钥匙"有固定的外部特征量词"把",学习者使用"个",未习得包含具体特征的正确匹配。用例⑤~⑥为"个"的多余。第⑤例学习者谈论的是抽象概念,不应使用量词,学习者习得了"数词+个+名词"的基本结构,未习得相关语法点,进行了一定程度的泛用。第⑥例学习者可能受到"打个电话"的影响,对惯用语未加分析未习得"打个电话"轻松、短小的附加意义表现出语用偏误。

　　第⑦~⑩例为其他个体量词偏误,其中第⑦例为同类量词混用,第⑧、⑩例为类别常用量词泛用,第⑨例为与比喻有关的量词偏误。第⑦例"事情""事件"为近义名词,同篇文章中学习者使用了"一件事情",语料库中"一个事件""一件事件"的频次比为 130∶3,学习者将已知项目迁移于未知项目,产生同类事物量词混用。第⑧例"只"为动物类常用量词,学习者习得了"只—动物"的匹配,将它迁移于动物类别的不匹配项"鱼";第⑩例"台"为机器类常用量词,学习者习得了"台—机器"的匹配,将它用于机器类别的"电话";两例均为类别常用量词的泛用。第⑨例为比喻句,本体为"怒江",喻体为"一颗祖母绿",本体与喻体表现出数的不一致,学习者表现出语法偏误。

第⑪例为集合量词偏误,"火"为无界[①]物质名词,通常不与"些"匹配,学习者未习得相关语法知识,产生目的语负迁移。

从初中级学习者的偏误情况看,学习者对名量词的习得还不深入,仅习得了名量词的常用义项与常用匹配,在与已有知识不符的情况下,表现出一定的语义、语法、语用的偏误。将"个"泛用于不匹配的离散个体,在同类名词及近义名词前表现出类别常用量词的泛用等,表现出语义迁移。在涉及抽象概念、比喻、物质名词等的复杂语法条件下,表现出语法偏误。同时因未能习得相关用例的语体色彩、固定数量短语的附加意义等,产生语用偏误。

3.3 习得影响因素分析

3.3.1 中介语使用频次与德语对应项频次相关分析[②]

对比中介语名量词的使用项目与存在德语对应项的名量词项

---

① 沈家煊(1995):"有界"与"无界",《中国语文》第 5 期。
② 本研究使用 SPSS21.0 进行相关分析、因子分析。

目,相当比例的中介语使用项目存在母语对应项。本节将通过统计分析方法,对母语因素的具体影响程度进行进一步的分析。表 3.3 列出了中介语名量词使用频次与德语表量名词频次的等级相关数据。

对中介语名量词使用频次与德语表量名词对应项频次的 Spearman 相关分析显示,中介语名量词使用频次及正确频次与德语表量名词对应项的频次表现出 0.05 水平的正相关。其中中介语使用频次与德语对应项频次的相关度为 0.451,中介语正确频次与德语对应项频次的相关度为 0.563。由数据可知:学习者名量词的自主使用与母语对应项具有关联,学习者倾向于使用德语中存在对应项的量词。由于自主使用的项目多为达到一定习得程度的熟悉项目,名量词的使用情况能反映学习者名量词的习得情况,因此从母语对应项频次与中介语使用频次的相关性可以判断:学习者的母语对名量词的习得具有影响。同时,正确使用的频次与母语对应项频次具有更高的相关性,说明母语对应项的词频越高,学习者相关名量词习得越好。分析其原因:母语对应项使学习者具备了一定的知识基础,对于学习名量词的习得具有促进作用,因此相关的项目更容易被习得并使用。

表 3.3　中介语频次与 MK2 频次的相关性数据

相关系数			中介语使用频次	中介语正确频次	德语对应项频次①
Spearman 的 rho	中介语使用频次	相关系数	1.000	.849**	.451*
		Sig.（单侧）	.	.000	.046
		N	15	15	15
	中介语正确频次	相关系数	.849**	1.000	.563*
		Sig.（单侧）	.000	.	.014
		N	15	15	15
	德语对应项频次	相关系数	.451*	.563*	1.000
		Sig.（单侧）	.046	.014	.
		N	15	15	15

**. 在置信度（单侧）为 0.01 时,相关性是显著的。
*. 在置信度（单侧）为 0.05 时,相关性是显著的。

3.3.2　中介语使用频次与本族语量词词频相关分析

　　根据 Long(1980:1981)的研究,输入频率与语言要素的习得具有相关性②。对比中介语名量词的使用项目与目的语高频项目③,两者在项目上高度重合。本节将用数据分析名量词词频与中介语名量词使用频次的相关性。表 3.4、3.5 分别列出了中介语频次与汉语量

---

　　① MK2 频次依据名词匹配项统计,各量词项目的对应的 MK2 频次为:个(6)、件(1)、张(3)、块(4)、粒(1)、本(1)、些(31)、种(18)、群(9)、束(3)、层(1)、页(2)、滴(1)、巧(10)、盘(1)。
　　② 引自 Freeman, D. & M. Long (2009). *An Introduction to Second Language Acquisition Research*. Beijing: Foreign Language Teaching and Research Press. 133.
　　③ 语料库涉及的量词词频见附录 C。

词词频的相关分析描述统计量与相关性数据。

表 3.4　中介语频次与汉语量词词频相关分析的描述性统计量

描述性统计量			
	均值	标准差	N
中介语使用频次	7.40	19.784	15
中介语正确频次	6.67	18.310	15
汉语量词词频	971.180	2 154.683 7	15

表 3.5　中介语频次与本族语词频的相关性数据

相关性		中介语使用频次	中介语正确频次	汉语量词词频
中介语使用频次	Pearson 相关性	1	1.000**	.968**
	显著性(单侧)		.000	.000
	N	15	15	15
中介语正确频次	Pearson 相关性	1.000**	1	.969**
	显著性(单侧)	.000		.000
	N	15	15	15
汉语量词词频	Pearson 相关性	.968**	.969**	1
	显著性(单侧)	.000	.000	
	N	15	15	15

＊＊. 在置信度(单侧)为.01 时,相关性是显著的。

对中介语语料库名量词的使用频次与汉语量词词频的 Pearson 相关分析显示,中介语名量词的使用频次及正确频次与汉语量词词频表现出 0.01 水平的显著相关,相关系数为 0.968。在相关分析中,相关度高于 0.8 为高度相关。该研究表明,量词的出现频率与中介语名量词的使用具有较高的相关性。这表明，语言生活中出现频率较高的项目，学习者能较好地习得，并达到运用。

以上分析显示，母语因素、目的语语言输入对名量词的习得都具有影响作用。其中目的语名量词的出现频率对名量词的习得具有更为显著的影响。

3.4　本章小结

本章分析了学习者中介语名量词的使用情况与偏误情况，并通过德语表量名词、汉语名量词词频与中介语使用频次的相关分析，分析了母语因素、目的语语言输入对名量词习得的影响。中介语名量词的使用情况反映了这一阶段学习者的习得特点：学习者习得较好的量词为高频量词、类别常用量词、具体事物的量词，习得较好的匹配为高频匹配、最能代表量词特征的原型匹配。中介语的偏误情况显示，初中级阶段的学习者对名量词的习得还不深入，在与已有知识不符的情况下，可能表现出偏误。相关分析显示，母语对应项、目的语语言输入对学习者名量词的习得均有影响，其中目的语输入对名量词习得的影响更为显著。

第四章
基于问卷调查的名量词习得研究

在基于中介语语料库的名量词习得研究中,学习者使用的项目为具有一定习得的项目。由于学习者的规避策略,难度较大的名量词项目和名量词匹配没有出现。语料库的研究不能全面反映各类名量词各类匹配的习得情况。因此,本章设计了专项的问卷,测量涉及各个类别的常用名量词,并覆盖各类名量词的各种常用匹配,对量名匹配的习得情况进行全面的考察。本章通过对问卷语义测试、语法测试的分析,分析学习者对名量词语义、语法的习得情况;在量名匹配正确率的基础上,分析名量词的项目难度与类别难度;通过问卷反映的习得情况,结合中介语语斜库的研究,分析学习者的习得特点;通过问卷正确率与德语表量名词词频、汉语量词名词词频的相关分析、问卷各测试项目的因子分析,分析母语、词频、语义对名量词习得的影响。

4.1 问卷设计与调查实施

4.1.1 问卷设计

为了能对初中级学习者名量词的习得情况进行有效的测量,问卷从词级、类别、词频角度对名量词的难度进行了控制。问卷主要考查新 HSK 1~4 级的词汇,并覆盖名量词的各个类别,参考"现代汉语研究语料库",将名量词的词频控制在 40 以上。同时对多匹配量词进行义项分析,每一主要义项选择 1～2 个名词选项进行测试,以增加问卷对名量词语义的代表性。在问卷设计的相关项目中,设计与母语对应项有关的干扰项,以测量母语对名量词习得的影响。问卷例句参考名量词的实际用例。同时,问卷的定稿经过涉及 6 名学习者的两次预测完成,确定名量词的考查项目和问卷题型。

（1）名量词范围

通过对新 HSK 名量词的检索,共检索出名量词 104 个[①]。考虑名量词的类别及词级因素,参考中介语语料库名量词的使用情况及预测的反馈信息,筛选出不同类别各级名量词 44 个,能覆盖中介语语料库各名量词类别的主要用例,并涉及语料库未出现的各名量词类别的代表性量词。大多数问卷名量词为初中级大纲词汇。

表 4.1　问卷名量词表

功能分类	语义分类					
个体量词	通用量词	个	件	只		
	形状量词	条	块	张	粒	
	外部特征量词	把[1]	口[②]	根[③]	顶	
	功用特征量词	部	台	笔	门	
专职量词	指人量词	位	名			
	动物量词	头	匹			
	植物量词	棵	朵			
	功用特征量词	家	本	辆	间	封	所

① 新 HSK 名量词检索表见附录 A。
② "口"以有区分意义的局部代表整体,因此列为外部特征量词。
③ "根"凸显植物根茎,匹配名词或与根部有语义联系,或具有根茎部分笔直坚硬的特点,因此列为外部特征量词。

功能分类	语义分类						
兼职量词	功用特征量词	场	堂				
集体量词		种	些	把₂	群	双	束
部分量词		段	层	页	滴	节	
容载量词		杯	盘				
临时量词		身	桌子	地			

（2）题型及考察点

问卷包含三种测试：语义判断测试、量名匹配测试、语法判断测试。问卷包含六题：第一题为语义判断测试，第二～五题分别为专职量词匹配测试、辨义匹配测试、一名多量匹配测试、一量多名匹配测试，第六题为语法判断测试。第一题通过学习者对名量词语义参数生命度、形状、大小、显著局部的判断考查学习者对名量词语义的习得情况。第二题～第五题通过不同题型的匹配测试考查学习者对量名匹配的习得情况。第六题通过与名量词有关的语法项目的判断测试考查学习者对名量词语法的习得情况。

附录 B 为汉语名量词习得情况调查问卷。

4.1.2　调查实施

问卷调查开始于 2013 年 3 月，完成于 2013 年 9 月。共计发放问卷 50 余份，回收有效问卷 39 份。根据 HSK 水平、HSK 意向、学时、班级等信息分析学习者的语言水平，初中级水平的有效问卷共计31 份。调查对象涉及不同的群体，样本具有代表性。31 名被试人员中，德国学习者 28 名，瑞士学习者 3 名；男性 12 名，女性 19 名；19～30 岁 28 名，30～40 岁 3 名；华裔 1 名，非华裔 30 名；样本来源方面：

南京大学 9 名,北京外国语大学 2 名,河北北方大学 5 名,德国康斯坦茨大学 9 名,德国孔子学院 3 名,其他 3 名。

4.1.3 信度检验

本文通过 SPSS21.0 可靠性分析对问卷进行信度检验,输出分析结果。表 4.2、4.3 分别为信度检验案例汇总与信度检验描述性统计量。

表 4.2　信度检验案例汇总

案例处理汇总		N	%
	有效	31	100.0
案例	已排除[a]	0	.0
	总计	31	100.0

a. 在此程序中基于所有变量的列表方式删除。

表 4.3　信度检验可靠性统计量

可靠性统计量	
Cronbach's Alpha	项数
.897	53

通过对全卷 53 题的可靠性分析,Cronbach's Alpha 值为 0.897,信度系数接近 0.9,问卷内部一致性较高,信度较好,可以进行进一步的数据分析。

4.2 问卷逐项分析

4.2.1 语义判断测试

问卷第一题为语义判断测试。在量词的语义研究中，Allan(1977)，Tai(1994)等对量词的语义参数进行了分析。语义参数是量词语义的纲目，反映了量词语义的重要内容，是相关量词的主要语义特征。学习者如果在具体量词的语义参数方面判断错误，将不能正确地习得量词。本节对与各语义参数相关的量词进行考查，考查学习者能否正确判断量词的主要语义特征，通过基本项目的正确率数据分析量词语义的习得情况。本题有四个考查项目，第一项考查学习者在生命度参数方面的习得情况，第二～四项分别考查学习者在形状、局部、大小参数方面的习得情况。表4.4、表4.5分别为学习者在生命度参数和外形参数方面语义判断的正确率情况。

表 4.4　语义参数"生命度"的正确率情况

	个	名	群	只	头	棵	朵	部	台
人	31	10	6		2				
	100.00%	32.26%	19.35%		6.45%				
动物	7		7	31	10			1	
	22.58%		22.58%	100.00%	32.26%			3.23%	
植物	6		1		1	24	13		
	19.35%		3.23%		3.23%	77.42%	41.94%		
机器	7				1			6	24
	22.58%				3.23%			19.35%	77.42%

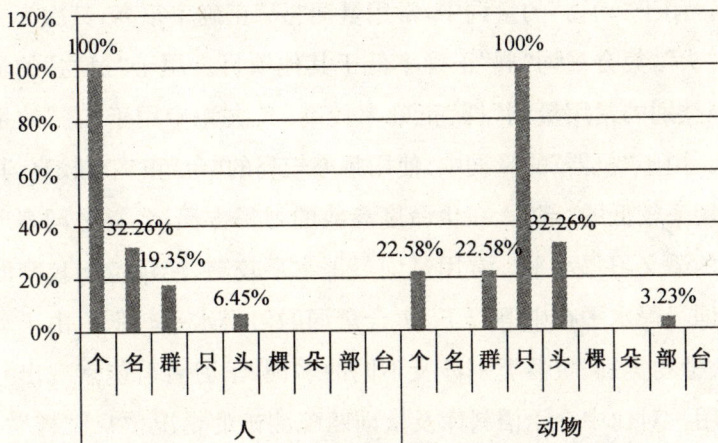

图 4.1　生命度参数选择频率柱形图 1

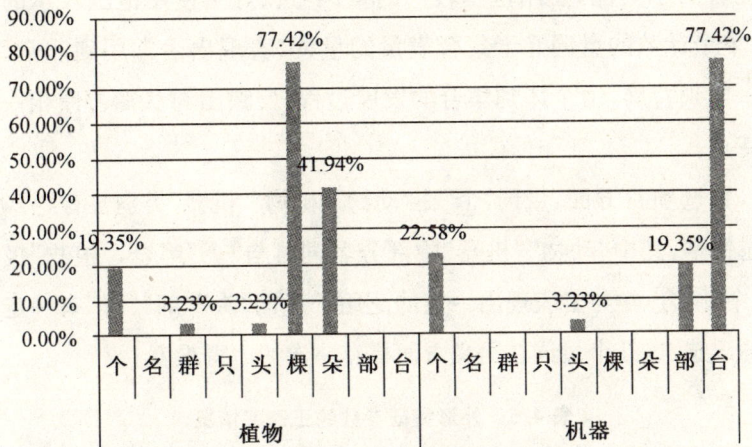

图 4.2　生命度参数选择频率柱形图 2

　　在语义参数生命度项目上，学习者测试表现良好，各类别主要选项生命度相符，学习者较少将量词与生命度不符的名词类别匹配，各量词表现出不均等的习得情况。用于"人"的量词中，常用量词"个"正确率较高，专职量词"名"其次，集合量词"群"正确率低于单个计数量词。用于"动物"的量词中,常用量词"只"正确率很高,其次为专职量词"头",集合量词"群"正确率低于其他项目。用于"植物"的量词中,该类别的常用量词"棵"正确率较高,其次为专用于"花"的量词"朵"。用于"机器"的量词中,使用频率较高的"台"正确率较高,其次为使用率较低的"部"。在生命度参数的习得方面,各类量词表现出不同的语义习得水平。常用量词习得水平较高,使用范围较窄的专用量词习得水平在中等以下,集合量词的习得水平较低。由于动物类别、植物类别、机器类别涉及不同的名词,学习者可能表现出一定的泛用。对比中介语语料库及量词匹配测试的情况,"只""棵""台"确实表现出一定的泛用。在各生命度类别中,均有一个量词语义习得显著好于其他,使用范围较广的量词习得好于使用范围较窄的量词,单个计数的量词好于集合表量的量词,表现出由常用到非常用,由一般到特殊,由个体到集合的发展过程,反映出与认知习惯相一致的特点。

错选项目方面,量词"个"在"动物""植物""机器"类别各有约20%的选择率,其中"动物""机器"中部分名词可与"个"组合,"植物"极少与"个"组合,学习者表现出一定的泛用。量词"头""部""群"有一定比例的误选,这几个量词在语义方面具有一定的习得难度。

表 4.5 外形特征参数的正确率情况

	条	张	笔	块
形状	25	26	1	9
	80.65%	83.87%	3.23%	29.03%
	把	根	门	顶
局部	18	5	3	10
	58.06%	16.13%	9.68%	32.26%

大小	头	粒	条	间
	6	11	5	9
	19.35%	35.48%	16.13%	29.03%

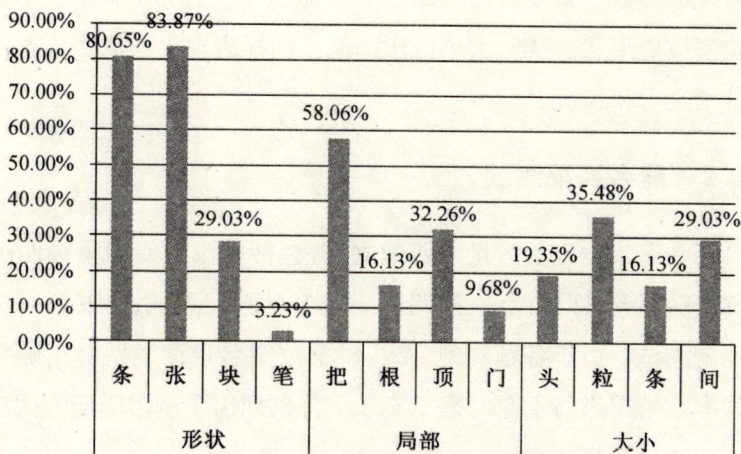

图 4.3　外形特征参数选择频率柱形图

　　外形特征各语义参数中，学习者对形状参数的判断好于局部、大小，显示出从概括到具体的发展过程。形状参数中，"条""张"的匹配情况好于"块"。分析原因：汉语"块"的匹配名词既有块状物、也有面状物，形状典型度低；"块"德语对应项 Stück 为通用表量词，可用于计量具有离散特征的各类事物，既有具备形状特征的事物，也有不具备显著形状特征的事物；两方面的因素均不利于语义分析与习得，因此仅 1/3 的学习者能对"块"的语义作出正确判断。参数"显著局部"的语义判断，按照特征的显著程度选择率呈现梯度。"把"的选择率高于 50%，"顶"的选择率约 1/3，"根"的选择率低于 1/5。参数"大小"的正确率整体低于 50%，"粒"的外形特征更为显著，选择率高于

"头"。

错项"笔""门"不以形状或局部对名词分类,"条""间"不以大小对名词分类,但名词或匹配名词具有外形特征,有一定干扰作用,错选率较高。

外形参数主要项目的判断正确率略低于生命度,各外形参数的正确率按照形状、局部、大小依次降低。同样表现出与认知特点相一致的语义习得情况。

4.2.2 量名匹配测试

问卷第二~五题为量名匹配测试,包括第二题专职量词匹配测试、第三题辨义匹配测试、第四题一名多量匹配测试、第五题一量多名匹配测试。由于各题题型一致,以下按照名量词类别对正确率与错误率的情况进行汇总。表4.6、4.7分别列出了量名匹配测试正误选项的选择频率。

表 4.6 量名匹配测试正确选项选择情况

功能分类	语义分类	名量词	名词	选择频次	选择频率
个体量词	通用量词	个	孩子	30	96.77%
			菜	14	45.16%
		件	衣服	31	100.00%
			事	18	58.06%
			礼物	10	32.26%
		只	猫	31	100.00%
			鸟	23	74.19%
			耳朵	4	12.90%
			船	1	3.23%

功能分类	语义分类	名量词	名词	选择频次	选择频率
形状量词		条	路	30	96.77%
			鱼	25	80.65%
			裙子	13	41.94%
			新闻	9	29.03%
		张	地图	28	90.32%
			纸	25	80.65%
			桌子	23	74.19%
			脸	4	12.90%
			嘴	3	9.68%
		块	羊肉	18	58.06%
			草地	9	29.03%
			黑板	4	12.90%
外部特征量词		把₁	伞	25	80.65%
			椅子	22	70.97%
			好手	9	29.03%
			力气	1	3.23%
		顶	帽子	12	38.71%
功用特征量词		部	电影	26	83.87%
			字典	7	22.58%
			车	0	0.00%
		笔	钱	11	35.48%
			好字	8	25.81%
			生意	7	22.58%

功能分类	语义分类	名量词	名词	选择频次	选择频率
		门	课	19	61.29%
			外语	10	32.26%
			心思	3	9.68%
			婚事	2	6.45%
专职量词	指人量词	位	老师	28	90.32%
	动物量词	头	牛	18	58.06%
		匹	马	18	58.06%
	植物量词	棵	树	20	64.52%
		朵	花	18	58.06%
	功用特征量词	本	书	31	100.00%
		辆	车	31	100.00%
		封	信	26	83.87%
		所	学校	23	74.19%
		家	商店	22	70.97%
		间	办公室	21	67.74%
兼职量词	功用特征量词	场	比赛	26	83.87%
集合量词		种	花	16	51.61%
		些	菜	15	48.39%
		束	花	7	22.58%
		把₂	米	4	12.90%
部分量词		滴	水	16	51.61%
		页	纸	9	29.03%
		层	楼	20	64.52%
			冰	7	22.58%

功能分类	语义分类	名量词	名词	选择频次	选择频率
			车窗	5	16.13%
			意思	2	6.45%
		段	路	7	22.58%
容载量词		杯	水	25	80.65%
		盘	菜	17	54.84%
临时量词		桌子	菜	4	12.90%
		身	水	0	0.00%

表 4.7　量名匹配测试错误选项选择情况

功能分类	语义分类	名量词	名词	选择频次	选择频率
个体量词	通用量词	个	花	11	35.48%
			纸	8	25.81%
			路	7	22.58%
			水	5	16.13%
			老师	2	6.45%
			伞	1	3.23%
		件	帽子	11	35.48%
			要求	2	6.45%
			比赛	1	3.23%
	形状量词	条	头发	8	25.81%
		张	帽子	2	6.45%
		块	鸡蛋	9	29.03%
			伞	2	6.45%
			帽子	1	3.23%

功能分类	语义分类	名量词	名词	选择频次	选择频率
	外部特征量词	口	孩子	1	3.23%
			老师	0	0.00%
		根	路	1	3.23%
			伞	1	3.23%
	功用特征量词	部	箱子	5	16.13%
		笔	信	5	16.13%
专职量词	指人量词	位	孩子	0	0.00%
		名	孩子	0	0.00%
			老师	0	0.00%
	动物量词	头	花	2	6.45%
			马	1	3.23%
		匹	牛	2	6.45%
			树	2	6.45%
	植物量词	棵	花	7	22.58%
		朵	马	2	6.45%
			牛	2	6.45%
			树	2	6.45%
			信	2	6.45%
	功用特征量词	封	纸	2	6.45%
			花	1	3.23%
			马	1	3.23%
		所	商店	2	6.45%
			办公室	1	3.23%
			牛	1	3.23%

功能分类	语义分类	名量词	名词	选择频次	选择频率
		家	学校	5	16.13%
			办公室	3	9.68%
		间	商店	4	12.90%
			牛	1	3.23%
			学校	1	3.23%
兼职量词	功用特征量词	堂	比赛	0	0.00%
部分量词		节	比赛	2	6.45%

以下按照类别对名量词的习得情况进行具体分析。

（1）通用量词

通用量词"个""件""只"语义较为简单,表示单个事物;具有多种匹配,可与不同类别的事物匹配。其中,"个"的使用最为广泛,可匹配具有离散特征的各类事物,包括人、动物、无生物品与抽象事物;"件"具有衣服、单个物品、事情三种主要匹配;"只"具有动物、单个物体两种主要匹配。从问卷的选择情况看,学习者首先习得了各通用量词的一类名词匹配,其他名词根据语义及使用频率表现出差异;各通用量词表现出不同程度的泛用。"个"的匹配项中,有生事物"人"的选择率高于90%,其他选项的选择率低于50%;"件"的匹配项中,全部学习者选择了选项"衣服",2/3的学习者选择了抽象名词"事","礼物"的选择率约1/3;"只"的匹配项中,动物名词"猫""鸟"的平均选择率约80%,单个物体的选择率低于20%。"个"的选择情况表现出与量词语义的关联,有生事物的量词习得情况显著好于无生事物。"件"的选项中,衣物为生活中的常见事项,"事"在语言中的出现频率较高;其中衣物为具体事物,先于抽象的"事"习得;"礼物"的使用依赖特定语境,出现率低,习得滞后。"件"的习得表现出词频与语义的影响。"只"四个选项中,动物名词匹配"猫""鸟"的选择率远高于表示单个物体的"耳朵""船";动物名词中"猫"的选择率高于"鸟"。"只"的习得情况受到语义的影响,其中有生事物的习得好于无生事物,有生事物中原型事物的习得好于非原型事物。

通用量词错误选项的选择率显示,学习者表现出较为显著的"个"的泛用。各错误选项中,离散事物"花""纸"的选择率较高,非离散事物"路"、"水"的选择率依次降低,不得体匹配"个—老师"选择率约5%,外部特征显著的"伞"选择率仅3%。由于"个"为汉语常用量词,具有广泛的适用性,学习者表现出一定的目的语负迁移。同时,在学习者的母语中,通用表量词Stück可用于具有离散特征的事物,如"纸""花瓶"等,点餐中的一化食物,如"一份土豆",不加名词表示路程中的一段;学习者的错选表现出一定的母语影响。与"件"有关的错误选项中,35%的学习者将"件"用于"帽子",5%的学习者选择了"要求",约3%的学习者选择了"比赛"。"帽子"为衣物,符合"件"的语义特征,但有表示外部特征的特定匹配,学习者表现出较高比例的语义迁移。"要求"为抽象名词,通常与"个"的匹配,同时为主观愿望,与"件"语义特征不符,学习者选择比例不高。"比赛"为事件,大部分学习者习得了正确匹配,错选的比例不高。

(2)形状量词

形状量词"条""张""块"语义较为单一,表示条形、面状、块状等形状,可与符合形状特征的各类名词匹配。从整体来看,形状量词的习得情况受到生命度、外形显著度、语义抽象度等多种因素的影响。有生匹配、反映原型特征的匹配选择率较高,抽象名词选择率较低。"条"的匹配名词中,有生名词"鱼"正确率最高,其次为常用事项衣物,抽象名词"新闻"习得较为滞后;错项"头发"的选择率约 1/4,相当数量的学习者未能习得"根"的具体语义特征,产生条形量词的混用。"张"的匹配名词中,原型事物"地图""桌子"的选择率远高于非典型面状物及动态面状物;约 5% 的学习者选择了"帽子",进行了错误的外形分析。"块"的匹配名词中,典型的立体块状物"羊肉"的选择率高于平面块状物"草地""黑板";错误选项"鸡蛋"的选择率与"草地"相当。从"块"的选择情况尤其是错误选择中可以观察出学习者的母语影响。德语 Stück 与"块"有对应关系,可用于计量蛋糕、肉、土地、草地等,Stück 同时与"只""个"等有对应关系,可用于计量苹果、鸡蛋等[①]。因此错误选项"鸡蛋"与正确选项"草地"有一致的选择率。"黑板"选择率较低,其德语对应项 Tafel 一般不使用表量词。其他错误选项"伞""帽子"也表现出一定的母语负迁移。

（3）外部特征量词

外部特征量词"把"包含多个义项,其中外形特征显著的"伞""椅子"正确率较高,分别为 80.65%、70.97%。与"手"有动态联系的"好手""力气"正确率较低,分别为 29.03%,3.23%。"伞"的错误选项中,"个""块""根"均为具有离散特征的量词,选择率累计 12.90%。由于"顶"词频较低,与正确匹配"帽子"的选择率仅 38.7%。"根"的错误选项中,"根—路""根—伞"均为 3.23%,由于"根"与植物的根茎具有语义联系,可表示具有一定硬度的条形离散事物。"路"可曲可直,并且非离散事物,与"根"的语义特征不符,"伞"符合"根"的语义特征,但具有特定的外部转征量词,两者均为错误选项,学习者的选择率不高,可能与外部特征量词有一定习得难

---

① 叶本度(2000):《朗氏德汉双解大词典》,北京:外语教学与研究出版社,第 1654 页。

度,识别率不高有关。"口"以具有区分意义的局部指称事物,"口—人"与饮食及口粮具有语义联系。在语言教学中,有"你家几口人?"这样的例句,学习者并不陌生。个别学习者受此影响,错选了"口—孩子",产生目的语负迁移。

(4) 多匹配功用特征量词

"部"用于计量具有一定规模的事物,可与车辆、机器、书籍、电影[①]等多种名词匹配。四个选项中,"电影"选择率最高,其次为"字典"与错项"箱子",没有学习者选择"车"。分析其原因:"电影"是生活中的高频事项,与"部"为常用匹配,因此习得较好;"车""字典"有其他匹配量词"辆""本","一部车""一部字典"包含语体色彩,使用频率低于与"辆""本"的匹配,习得较为滞后;由于与"部"匹配的名词多具有一定规模,和体积有一定联系,外形规整的"字典"选择率相对较高,具有原型特点的"箱子"选择率与"字典"接近。"笔"的多个义项都与"写/画"有关,包括(a) 钱款或经济活动;(b) 书法绘画。四个选项中,"钱"的选择率相对较高,"生意"与"好字"接近,错误选项"信"也有一定的选择率。义项"钱款或经济活动"在生活中的复现率高,习得情况总体略好,动态意义的书写其次。"信"由笔书写,学习者的选择显示量词匹配中存在语义分析活动。"门"的多个义项都由名词"门"引申,包括(a) 与学习有关的活动;(b) 语言;(c) 与婚姻联系有关的人或事;(d) 心理活动。"课程"与"语言"较为常用,习得情况相对较好;"婚事"与"心思"意义抽象,在学习者语言使用中出现频率较低,习得滞后。"部""笔""门"选择率较高的项目均为生活中的常用项目,显示出词频的影响。

---

① 吕叔湘(1980):《现代汉语八百词》,北京:商务印书馆,第89页。

综合(1)(2)(3)(4)各项的分析,多匹配量词的习得受到使用频率、语义、母语等多种因素的影响,其中语义因素包含生命度、外形显著度、语义抽象度以及具体的语义特征。多个匹配项中,使用频率高的名词总体好于使用频率低的名词,有生名词总体好于无生名词,具体名词总体好于抽象名词;形状量词的多个匹配项中,具有原型效应的名词习得较好;量词的多个义项中,常用的义项习得最好,其次为具有外形特征的义项、与量词有直接语义联系的义项,抽象义项习得相对滞后。

(5) 专职量词

专职量词中,指人量词"位"正确率较高,90％的学习者正确习得了"位"的色彩意义。动物量词"头""匹"分别匹配"牛""马",58.06％的学习者能够正确选择。3.23％的学习者选择了"一头马",6.45％的学习者选择了"一匹牛",表现出一定程度的同类别量词混用。选择类别不符的"朵—马""朵—牛""封—马""所—牛""间—牛"各有6.45％～3.23％不等。其中,"朵—马/牛"的选择率略高,学习者未习得正确量词,产生错误匹配;"封—马"的选择率显示,学习者可能因匹配特征相同发生错选;"所""间"用于较大规模的事物,学习者将其与体积较大的"牛"匹配,表现出语义负迁移。植物量词"棵""朵",64.52％的学习者选择了"棵—树",58.06％的学习者选择了"朵—花",大部分学习者能正确选择。22.58％的学习者选择了"棵—花",6.45％的学习者选择了"朵—树"。"棵—花"很少出现于光杆匹配中,在"现代汉语语料库"中"一棵花"词频仅为8,作为对比"一棵树""一朵花"词频分别为845、394,学习者表现出类别常用量词的泛用。"朵—树"为错误匹配,学习者表现出同类别量词的混用。选择类别不符的量词"头—花""匹—树"的比例为6.45％,"一封花"的比例为

3.23％,学习者表现出量词习得的语别特点。"书""车"的专用量词"本""辆"习得较好,全部学习者都能正确选择。"信"的专用量词"封"的正确率为 83.87％;6.45％的学习者选择了"一朵信",表现出语别特点。6.45％的学习者选择了"一封纸",学习者将"信"的匹配量词迁移于纸张。用于处所的功用特征量词"所""家""间"的习得情况较好,正确匹配的比例分别为"一所学校"74.19％、"一家商店"70.97％、"一间办公室"67.74％。错误选项中,6.45％的学习者选择了"一所商店"、3.23％的学习者选择了"一所办公室";16.13％的学习者选择了"一家学校"、9.68％的学习者选择了"一家办公室";12.9％的学习者选择了"一间商店"、3.23％的学习者选择了"一间学校"。其中,"一所商店""一所办公室"为错误匹配;"一家学校"为目的语低频组合,"一家办公室"依赖一定语境,非常少见;"一间商店""一间学校"为具有方言色彩的匹配。在现代汉语语料库中,"一所学校"、"一家商店""一间办公室"的词频为 334∶203∶122,"一家学校""一家办公室""一间学校""一间商店"的词频为 4∶3∶2∶6;同时量词"家"的词频显著高于"间""所";对比选择频率与词频数据,可以看出,学习者的选择情况与词频表现出一致性,习得情况受到使用频率的影响;由于学习者的偏误比例显著高于目的语低频比例,学习者表现出较为显著的同类混用。

(6) 兼职量词

兼职量词"场"的习得情况较好,"场—比赛"正确匹配的比例为83.87％,其他选项中,6.45％的学习者选择了部分量词"节",3.23％的学习者选择了通用量词"件"。"场"的语义特征包含时段与场地,"节"可表"时段"义,"件"常用于"事件",学习者习得还不深,进行了错误选择,表现出语义负迁移。

（7）表量量词

集合量词整体选择率较低，各选项选择率接近或低于 50％。其中，词频较高的"种""些"选择率相对较高；"束"词频较低，选择率不高；由于"把"包含多个义项，对比个体量词用法，集合量词用法正确率不高。

部分量词的整体正确率也不高，除物质名词"水"的对应量词"滴"、常用组合"层—楼"正确率略高于 50％，其他各项正确率均低于 30％。"滴""页""层""段"的词频分别为：22,41.6,135.3,159.7，正确率分别为 51.61％,29.03％,27.42％,22.58％，正确率表现出了与词频不一致，各项目均较为显著。分析原因，各项目均存在德语对应项，其中，"滴"与 Tropfen 完全对应，"页"与 Bogen/Stück 完全对应，"层"与 Schicht 部分对应，"段"与 Strecke/Stück 在语义上完全对应，通过德语对应项的分析，可以看出，学习者的习得情况受到一定程度的母语影响。部分量词"层"考查了多个名词匹配，其中除"楼"正确率较高，"冰""车窗"正确率低于 1/4，抽象名词"意思"低于 10％。

容载量词的整体正确率较高，其中"杯"高于 80％，"盘"高于 50％，学习者表现出了较好的习得情况。

临时量词的选择率较低，"桌子"的选择率为 12.90％，"身"的选择率为 0。

对比同一名词的多个选项的选择频率，"种""束""页""段"等集合量词、部分量词的正确率均低于同一名词的个体量词或专职量词，"桌子""身"等临时量词在同一名词的各量词中选择率最低，这也表明，这几类量词属于在习得序列上较为滞后的类别。

量名匹配测试的调查结果反映了学习者各类别常用量词的具体

习得情况,各名量词的习得情况表现出语义因素、母语因素、词频因素不同程度的影响。其中语义因素如生命度、外形显著度、语义抽象度。生命度对个体量词、专职量词影响更为显著;外形显著度对形状量词、外部特征量词影响更为显著;语义抽象度对涉及多个义项的多匹配功用特征量词、形状量词、部分量词均有影响。母语对应项对名量词的习得起正向及负向影响。当母语对应项与汉语量词对应程度较高时,对名量词的习得起促进作用,当母语对应项与目的语项目在匹配项目等方面不一致较多时,表现出负迁移。在语义因素不显著时,词频因素对名量词习得的影响可以更为直观地表现出来。学习者对各量词也表现出不均等的习得情况,表现为各量词之间及同一量词各义项之间的不均等。本文将对名量词习得的影响因素进行数据分析,并在正确率的基础上,对名量词的项目难度和类别难度进行分析。

4.2.3 语法判断测试

问卷第六题为语法判断测试。本节通过语法判断测试的正确率情况,分析学习者对与名量词有关的语法项目的习得情况。问卷考查了学习者对名量词遗漏、名量词多余、名量词搭配不当、名量词位置不正确、"的"字多余、名量词正确用例的判断情况,测量学习者的偏误敏感度,并对学习者名量词习得的阶段特点进行分析。表 4.8 列出了语法判断测试的正确率情况。

表 4.8 语法判断测试正确率情况

$第六题正确率频率

			响应		个案 百分比
			N	百分比	
正确率[a]	1. 他写了三书。 名量词遗漏		30	10.0%	96.8%
	9. 不知道下午在哪教室上课。 名量词遗漏		22	7.3%	71.0%
	2. 我每个天下午去打球。 名量词多余		28	9.3%	90.3%
	8. 我今年十个月回国。 名量词多余		25	8.3%	80.6%
	6. 还有三个站就到了。 名量词多余		11	3.7%	35.5%
	15. 公园里只有一把人。 名量词搭配不当		28	9.3%	90.3%
	14. 我们是一双好朋友。 名量词搭配不当		24	8.0%	77.4%
	7. 墙上挂着一块中国画。 名量词搭配不当		18	6.0%	58.1%
	10. 这只笔是父亲送给他的礼物。 名量词搭配不当		15	5.0%	48.4%
	13. 我太饿了，一个人吃了两个饭。 名量词搭配不当		13	4.3%	41.9%
	11. 她买了黑色的一双鞋。 名量词位置不当		12	4.0%	38.7%
	4. 一位班里的同学今天过生日。 名量词位置不当		9	3.0%	29.0%
	5. 他吃了一块的蛋糕。（ein Stück Kuchen） "的"字多余		17	5.7%	54.8%
	16. 他下个月要离开一段时间。 名量词正确用例		24	8.0%	77.4%
	3. 她说一口流利的汉语。 名量词正确用例		16	5.3%	51.6%
	12. 他的房间里堆了一地东西。 名量词正确用例		8	2.7%	25.8%
总计			300	100.0%	967.7%

a. 值为1时制表的二分组。

　　在语法判断测试正确率的基础上，本节进一步分析了各测试项目的平均正确率。表 4.9、图 4.4 分别为各测试项目平均正确率与相应的柱形图。

表 4.9　语法判断测试各判断项目平均正确率

序号	测试项目	平均正确率
1	名量词遗漏	83.90%
2	名量词多余	68.80%
3	名量词搭配不当	63.22%
4	名量词位置不当	33.85%
5	"的"字多余	54.80%
6	名量词正确用例判断	51.60%

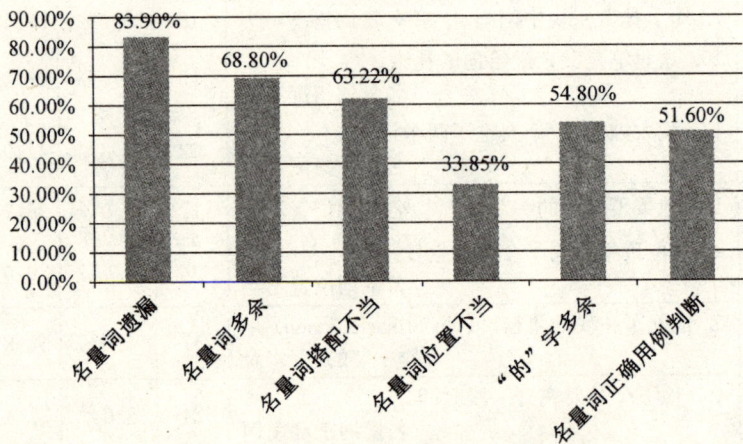

图 4.4　语法判断测试各判断项目柱形图

　　从柱形图可以看出,"名量词遗漏""名量词多余"的平均正确率相对较高,这一阶段的学习者能够判断一般情况的名量词遗漏与名量词多余。大多数学习者知道应使用量词,对于量词的使用条件也有一定的判别能力。"名量词搭配不当"与"名量词正确用例判断"均为对量词搭配的判断,平均正确率为 58.87%,高出"量名匹配测试"

平均正确率(48.69％)约 10 个百分点,这表明初中级阶段的学习者在量词匹配方面,判断能力高于实际匹配能力。"的"字多余的正确率为 54.80％,"名量词位置不当"的判断正确率为 33.85％,学习者在这一阶段对名量词使用的结构偏误缺乏足够的认识。

"名量词遗漏"中,"他写了三书。"为"数词+量词+名词"结构的量词遗漏,"不知道下午在哪教室上课。"为"疑问词+量词+名词"结构的量词遗漏。在德语中,表量名词的基本语法形式为"数词+表量名词+名词",疑问词的常用结构为"疑问词+名词"。从问卷的调查结果看,绝大多数学习者能正确判断名量词遗漏偏误,基本语法形式中的名量词遗漏判断好于变化条件下的量词遗漏。由于德语疑问词与名词组合的语法形式与汉语存在差异,学习者在相同条件下表现出一定的母语负迁移,约 1/3 的学习者未能正确判断。

"名量词多余"考查了"天""月""站"等准量词前不加量词的语法点。从学习者的判断情况看,"天""月"的判断情况较好,"站"的正确率较低。其中,"天"为常用项目,判断正确率高于 90％。"月"有"十个月"与"十月"两种不同情况的表达方式,存在一定的相互干扰,从调查结果看,80％的学习者能正确判断。"站"表示路程[①],也可表示车站,两者存在一定的干扰,同时"站"的词频较低,不利于学习者的习得,仅 1/3 的学习者能作出正确判断。

"名量词搭配不当"偏误的判断正确率由高到低依次为:母语存在对应项但差异较大的项目(第 15 题,第 14 题),母语存在对应项但匹配项不对应的项目(第 7 题),目的语同音混用(第 10 题),目的语"个"的泛用(第 13 题)。其中,"把""双"具有德语对应项 Handvoll、

---

① 李行健等(2010):《现代汉语量词规范词典》,石家庄:河北教育出版社,第 153 页。

Paar,在德语中有 eine Handvoll Leute, ein Paar 的用法,分别表示"几个人""一对",但在语义及语境条件上与"把""双"存在较大差别,大部分学习者能作出正确判断。由于对应项差别较大,有一定的对比作用,学习者的判断正确率较高。"块"具有使用频率较高的德语对应项 Stück,可用于离散特征的事物,也可表示"画",比如 Blumenstück, Seestück 花卉画、海洋风景画①,但在汉语中"块"不可与"画"匹配,判断正确率约 60%。目的语同音混用"支—只",对学习者有一定干扰作用,正确率约 50%。"个"的泛用正确率最低,"两个饭"应使用容载量词,与中介语语料库"两个面"为同类偏误,相当比例的学习者未能作出正确判断,正确率约 40%。

"名量词正确用例"分别考查了部分量词"段"、兼职量词"口"、临时量词"地"。"段"具有德语对应项 Strecke/Stück,表示"一段路",在语义上与"一段时间"具有可比性,学习者判断正确率较高,高于75%。"她说一口流利的汉语。"涉及量词的动态用法,对学习者有一定的难度,正确率约 50%。"堆了一地东西"为临时量词,"地"通常作名词,对于"地"的临时用法,大部分学习者判断为错句,正确率仅为 25%左右。对比量名匹配测试,临时量词正确率也很低,这是学习者这一阶段的难点。

从量词匹配判断的正确率来看,学习者对有德语对应项的量词判断较好,对于目的语中的同音混用、"个"的泛用判断正确率相对较低。正确用例判断中,临时量词、涉及动态的兼职量词正确率较低、部分量词正确率相对较高。

问卷考查了"的"字多余偏误 1 例。德语表量名词常用结构包括

---

① 潘再平等(2010):《新德汉词典》,上海:上海译文出版社。

"数词＋表量名词＋（三格介词/二格形容词）＋名词"，这一结构在全部表量名词用例中的比例较高，接近 50%。以问卷考查项目"一块蛋糕"为例，存在两种表达方式，ein Stück Kuchen，ein Stück vom Kuchen。但在汉语中，"的"的使用具有条件限制，"个体量词与个体名词间一般不能加'的'"[①]。母语与目的语的不一致可能对学习者的名量词习得产生影响。学习者的判断情况表现出一定的母语负迁移，仅约半数的学习者能作出正确判断。

"名量词位置不正确"考查了包含定语的数量短语。汉语包含多个限定性定语的数量短语的一般语序[②]为"表示领属关系的词—处所词/时间词—表示范围的定语—数量词短语"。德语包含形容词的表量名词结构一般为"数词＋形容词＋表量名词＋名词"。在涉及多项定语的数量短语中，学习者可能因母语负迁移产生语序偏误。问卷考查的两个项目，"黑色的一双鞋"为描写性定语，"班里的一位同学"为限定性定语。其中，描写性定语判断正确率略高。从该项目整体较低的正确率来看，学习者在这一阶段对量词使用中的语序问题缺乏足够的认识。

由于语料库检索的限制，未能检索出名量词遗漏偏误。从各偏误的判断水平看，初中级阶段的学习者对"数词＋量词＋名词"的基本语法结构习得较好，但对于"的"字多余、语序不当等结构偏误敏感度不高。在量词的匹配方面，根据量词项目的不同表现出习得差异。容载量词误用为"个"、同音混用、母语通用表量词对应项泛用是较为显著的问题。在临时量词、涉及动态的量词等项目上，也表现出一定

[①]　何杰(2008)：《现代汉语量词研究》增编版，北京：北京语言大学出版社，P30 页。
[②]　刘月华(2001)：《实用现代汉语语法》增订本，北京：商务印书馆，P490。

的习得困难。

4.3　名量词习得难度分析

根据 4.2.2 量名匹配测试的分析,各量词项目与各量词类别表现出不均等的习得情况。本节将根据平均正确率对名量词的项目难度及类别难度进行具体分析。

4.3.1　项目难度

项目难度的分析方法为:依据量词各匹配项的平均正确率对量词项目进行由高到低排序,按照 10% 一个区间对名量词进行难度分级,并按照语义类别及功能类别列表,在此基础上对名量词的难度进行分析。表 4.10 与 4.11 分别列出了名量词的平均正确率与各名量词的难度级别。

表 4.10　名量词的平均正确率

功能分类	语义分类	名量词	选择频次	选项个数	平均正确率
个体量词	通用量词	个	44	2	70.97%
		件	59	3	63.44%
		只	59	4	47.58%
	形状量词	条	77	4	62.10%
		张	83	5	53.55%
		块	31	3	33.33%
	外部特征量词	把₁	59	4	47.58%
		顶	12	1	38.71%

功能分类	语义分类	名量词	选择频次	选项个数	平均正确率
		部	33	3	35.48%
	功用特征量词	笔	26	3	27.96%
		门	34	4	27.42%
	指人量词	位	28	1	90.32%
	动物量词	头	18	1	58.06%
		匹	18	1	58.06%
	植物量词	棵	20	1	64.52%
		朵	18	1	58.06%
专职量词		本	31	1	100.00%
		辆	31	1	100.00%
	功用特征量词	封	26	1	83.87%
		所	23	1	74.19%
		家	22	1	70.97%
		间	21	1	67.74%
兼职量词	功用特征量词	场	26	1	83.87%
		种	16	1	51.61%
集合量词		些	15	1	48.39%
		束	7	1	22.58%
		把₂	4	1	12.90%
		滴	16	1	51.61%
部分量词		页	9	1	29.03%
		层	34	4	27.42%
		段	7	1	22.58%

功能分类	语义分类	名量词	选择频次	选项个数	平均正确率
容载量词		杯	25	1	80.65%
		盘	17	1	54.84%
临时量词		桌子	4	1	12.90%
		身	0	1	0.00%

表 4.11　名量词的难度级别

难度级别		0	1	2	3	4	5	6	7	8	9	10
正确率界值%		100①	90	80	70	60	50	40	30	20	10	0
功能分类	语义分类											
个体量词	通用量词				个	件		只				
	形状量词					条	张		块			
	外部特征量词							把₁	顶			
	功用特征量词								部	笔门		
专职量词	指人量词		位									
	动物量词						头匹					
	植物量词					棵	朵					
	功用特征量词	本辆		封	所家	间						

---

①　正确率界值列出了各难度级别的最低值。

难度级别	0	1	2	3	4	5	6	7	8	9	10
正确率界值%	100	90	80	70	60	50	40	30	20	10	0
兼职量词 功用特征量词			场								
集合量词						种	些		束	把₂	
部分量词						滴			页层段		
容载量词			杯			盘					
临时量词									桌子	身	

　　表 4.11 直观地列出了各量词的习得难度。根据具体的习得情况,可以将名量词的习得难度分为三个区间:80%～100%①难度较小;50%～80%难度中等;0～50%,难度较大。各区间均包含几类量词。难度较小的项目包括:指人量词"位",表示功用特征的专职量词"辆""本""封",表示事件的兼职量词"场",容载量词"杯"。难度中等的项目中,个体量词包括通用量词"个""件",形状量词"条""张"。其中,"个"的习得表现出较多泛用,但在正确项目的匹配上,学习者较少表现出偏误,"件"的两个主要义项"衣物""事件"使用频率均较高,这两个量词习得难度不高;形状量词"条""张"分别匹配条形事物、面状事物,外形的显著度较高,习得情况较好,难度级别为 4 级和 5 级。专职量词中,难度中等的项目有,动物量词"头""匹",植物量词"棵"

---

① 除区间上界为 100% 时包含区间上界,其他各区间包含区间下界,不包含区间上界。

"朵",表处所量词"所""家""间"。这几个专职量词的习得情况略低于同类别的指人量词、功用特征专职量词。根据 Mary S. Erbaugh (1986)的研究,第一语言量词习得中离散、可数、可移动物体的量词习得难度低于较大的、不可移动物体的量词,从"辆、本、封"与"所、家、间"的情况看,成年人的量词习得与第一语言的量词习得具有一定程度的一致性。难度中等的项目还包括集合量词中的"种",部分量词中的"滴",容载量词中的"盘"。其中,"种"具有德语对应项,且对应程度较高,在目的语中也有较高的词频,因此在集合量词中习得难度相对较低。物质名词"水"不可以个体量词计量,部分量词"滴"是液态物质的专用量词,匹配较为单一,在部分量词中难度不高。"盘"的难度略高于同类别的"杯",与生活常用度有关,表现出词频的影响。难度较高的项目中,个体量词包括:通用量词"只",形状量词"块",外部特征量词"把₁""顶",多匹配功用特征量词"部""笔""门"。通用量词"只"具有多个义项,其中动物义项较为常用,学习者习得较好,其他义项的正确率不高,该量词项目难度高于 6。外部特征量词"把₁""顶"涉及的特征较为具体,两个项目的平均正确率均低于50%,具有一定的习得难度。多匹配功用特征量词"部""笔""门"涉及多个义项,具有多种匹配,各项目间语义联系不显著,学习者需要逐个学习,习得难度较大。集合量词中"些""束""把₂"正确率均低于50%,其中"些"词频较高,难度略低,"束"词频较低,"把"义项复杂,难度较高。部分量词"页""层""段",由于涉及的特征具体,观察面较窄,这几个量词的难度均为 8 级。临时量词"桌子""身"正确率低于20%,在名量词中习得难度最大。

4.3.2　类别难度

类别难度的计算方法为:依据各类别所有名量词正确选项的选

择频次与选项个数计算各类别平均正确率,分析名量词的类别难度。本节对功能类别和语义类别的习得难度分别进行分析。表4.12、图4.5为各功能类别的平均正确率和对应的柱形图。表4.13、图4.6为各语义类别的平均正确率和对应的柱形图。

表 4.12 各功能类别平均正确率

序号	功能分类	选择频次	选项个数	平均正确率
1	个体量词	541	37	47.17%
2	专职量词	256	11	75.07%
3	集合量词	42	4	33.87%
4	部分量词	66	7	30.41%
5	容载量词	42	2	67.74%
6	临时量词	4	2	6.45%

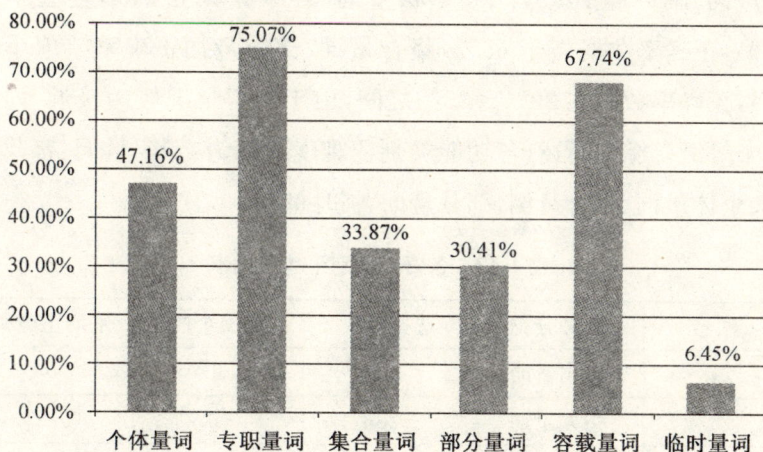

图 4.5 功能类别正确率柱形图

从各功能类别的平均正确率看,个体量词、专职量词、容载量词的习得情况较好,集合量词、部分量词其次,临时量词的正确率最低。

由于个体量词具有多种匹配,各匹配项习得情况不一,其中既包括习得较好的具体名词,也包括有一定难度的抽象名词,综合各项的习得情况,个体量词的平均正确率为47.17%,表现出中等习得难度。专职量词匹配名词较为具体,匹配项目单一,习得难度不高,平均正确率为75.07%。集合量词对事物进行集合计数,需要建立在对个体事物认知的基础上。部分量词计量事物,需要建立在对客观事物整体认知的基础上。这两类量词的表量具有相对性。整体习得水平较低,平均正确率分别为33.87%、30.41%。容载量词具有对应程度较高的母语表量名词,学习者习得较好,平均正确率为67.74%。临时量词由名词充当,表量具有临时性,在量词中不典型,学习者习得情况较差,平均正确率仅6.45%。根据平均正确率,各功能类别的难度由低到高依次为:专职量词、容载量词、个体量词、集合量词、部分量词、临时量词。其中,专职量词、容载量词正确率差值小于10%,正确率数据高于65%,集合量词、部分量词正确率差值小于5%,正确率数据在30%~35%之间,由于习得情况较为接近,列为一个等级。综上所述,各功能类别的难度顺序为:专职量词、容载量词、个体量词、集合量词、部分量词、临时量词。

表 4.13 各语义类别平均正确率

序号	语义分类	选择频次	选项个数	平均正确率
1	通用量词	162	9	58.06%
2	指人量词	28	1	90.32%
3	动物量词	36	2	58.06%
4	植物量词	38	2	61.29%
5	形状量词	191	12	51.34%

序号	语义分类	选择频次	选项个数	平均正确率
6	外部特征量词	69	5	44.52%
7	功用特征量词	273	17	51.80%
8	集合量词	42	4	33.87%
9	部分量词	66	7	30.41%
10	容载量词	42	2	67.74%
11	临时量词	4	2	6.45%

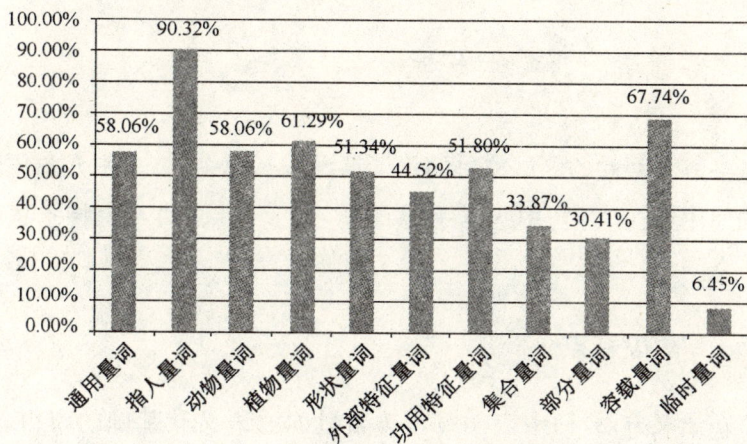

图 4.6　语义类别正确率柱形图

各语义类别中，通用量词、动物量词、植物量词的正确率较为接近，在 60% 左右，形状量词、外部特征量词、功用特征量词正确率在 44%～52% 之间，集合量词、部分量词在 30%～35% 之间，指人量词正确率高于 90%，容载量词正确率在 60%～70% 区间，临时量词正确率低于 10%。其中：通用量词较为常用，正确率较高；指人量词、动物量词、植物量词为有生量词，正确率在各项中处于较高水平。功用特征量词为无生量词,包括专职功用特征量词、多匹配功用特征量词;形状量词、外部特征量词涉及外形特征,具有多种匹配,量词的习得需建立在多项匹配特征对比的基础上;这几类量词的正确率处于中等水平;表量量词中,容载量词涉及具体的容器,集合量词、部分量词涉及与个体或整体的比较,临时量词由名词临时充当,各项的正确率表现出高低不同的水平。根据以上正确率情况,各语义类别的难度顺序为:指人量词、容载量词、植物量词、动物量词、通用量词、功用特征量词、形状量词、外部特征量词、集合量词、部分量词、容载量词。

4.4　学习者习得特点分析

本节对问卷各测试项目的正误情况进行总结,结合中介语语料库的使用情况,对初中级水平德语学习者名量词的习得特点进行分析。

4.4.1　阶段特点

在语义方面,初中级学习者对名量词的语义有基础的习得,如"只—动物""棵—植物""台—机器""条/张—形状"的判断正确率均高于60%,但对量词或名词的语义特征掌握还不全面,在实际使用中有一定比例的负迁移,将已习得的语义迁移到未知项目,产生偏误。

在语法方面,语料库的数据显示,这一阶段的学习者的主要偏误类型是名量词多余与名量词搭配不当。问卷测试的结果表明,学习者能较好地判断名量词遗漏、名量词多余偏误,对名量词搭配不当也有一定的判别能力,但对"的"字多余、语序不当敏感度较低。语料库的偏误表明，在涉及较为复杂的语法条件时，学习者不能作出正确的判断，表现出名量词多余等偏误。

在量词匹配方面，学习者习得了通用量词的常用匹配，形状量词及外部特征量词中的典型匹配，多匹配功用特征量词的常用匹配，大部分的专职量词，集合量词中的常用量词、物质名词对应的部分量词、常用的部分量词，容载量词。习得滞后的项目为，通用量词的低频匹配，形状量词的非典型匹配，外部特征量词的抽象匹配，多匹配功用特征量词的抽象匹配、低频匹配，低频集合量词、部分量词，临时量词。存在的问题包括：（1）量词泛用，包括通用量词泛用，类别常用量词泛用，德语通用表量名词对应项的泛用。（2）量词的混用，包括：(a) 同类别量词混用，如，棵、朵、匹、头、家、所、间；(b) 同音量词混用，如，只、支；(c) 近义量词混用，如，条、根；(d) 相同匹配特征的量词混用，如，封—马。（3）错误的语义分析，包括：(a) 外形特征的错误分析，如，张—帽子，根—伞；(b) 类别不符，如，头—花，匹—牛，朵—马/牛；(c) 其他语义特征的错误分析，如，件—帽子，口—孩子，笔—信，封—纸，所/间—牛。

4.4.2　语别特点

对比德语母语学习者与其他母语背景学习者的习得情况，德语母语学习者与英语母语学习者表现出更多共性，与韩语母语者表现出一定差异。韩语为量词型语言，学习者习得初期在集合量词、部分量词、临时量词上已表现出较高的正确率。德语与英语为亲属语言，两种母语背景的学习者在习得方面也表现出较多共性。各偏误类型中，英语母语者与德语母语者的主要偏误类型均为名量词搭配不当，名量词多余也有一定的比例。名量词搭配不当中，均有一定程度的

"个"的泛用、同类别量词混用、同音量词混用、近义量词混用。在习得项目上,均表现为专职量词习得较好、外形特征量词习得中等、临时量词习得较差。同时,德语母语者也表现出与母语相关的特点。德语中存在一定比例的表量名词。其中通用表量词使用尤为广泛,可与具有离散特征的各类事物匹配,在语义上与"块""段""张""头""匹"等不同量词对应。与此相关,学习者的名量词习得中,表现出较为显著的"块"的泛用、离散特征量词的误用,以及在汉语中缺乏理据的特征不符的量词与名词的错误匹配,表现出"块—鸡蛋/帽子""个/根/块—伞""朵—马/牛"等具体偏误。德语表量名词中,容器表量名词的比例为 14.19%,大部分容器表量名词与汉语完全对应,反映在学习者的习得情况方面,对照黎仲明(2012)、刘韡(2013)两项测试,德语母语学习者容载量词的习得情况显著好于英语母语者。德语表量名词的语法结构中,使用三格介词或二格形容词的比例达到近 50%,表现在学习者的习得情况中,约半数的学习者对"的"字多余不敏感。

4.5 习得影响因素分析

本节通过问卷正确率与量词名词词频的相关分析、问卷各题的因子分析、正确率与母语对应项频次的相关分析,分析词频、语义、母语对名量词习得的影响,并概括了影响名量词习得的其他因素。

4.5.1 词频因素

4.5.1.1 正确率与词频相关性

将问卷正确率数据与量词词频进行对比,正确率与词频表现出一定的相关性,为进一步分析词频对名量词习得的影响,对正确率数据及量词名词词频进行相关分析[1]。

(1) 个体量词

由于个体量词具有多个匹配,根据平均正确率分析量词词频与个体量词习得情况的相关性,根据正确率分析名词词频与个体量词习得情况的相关性。表 4.14、表 4.15 为量词词频与个体量词平均正确率相关分析的描述性统计量和相关性数据。

表 4.14　个体量词平均正确率与量词词频相关分析描述性统计量

描述性统计量			
	均值	标准差	N
量词词频	1 024.882	2 509.978 4	11
平均正确率	46.046 4	14.971 11	11

表 4.15　个体量词平均正确率与量词词频相关性数据

相关性		量词词频	平均正确率
量词词频	Pearson 相关性	1	.603*
	显著性(双侧)		.050
	N	11	11
平均正确率	Pearson 相关性	.603*	1
	显著性(双侧)	.050	
	N	11	11

＊. 在 0.05 水平(双侧)上显著相关。

表 4.16、表 4.17 为名词词频与个体量词正确率相关分析的描

---

① 问卷涉及的量词名词词频见附录 C。

述性统计量和相关性数据。

表 4. 16　个体量词正确率与名词词频相关分析描述性统计量

描述性统计量			
	均值	标准差	N
名词词频	157. 611	239. 746 2	36
正确率	46. 146 7	32. 476 46	36

表 4. 17　个体量词正确率与名词词频相关性数据

相关性			
		名词词频	正确率
名词词频	Pearson 相关性	1	.063
	显著性(双侧)		.715
	N	36	36
正确率	Pearson 相关性	.063	1
	显著性(双侧)	.715	
	N	36	36

　　对个体量词平均正确率-量词词频、个体量词各匹配项的正确率-名词词频进行 Pearson 相关分析。分析结果显示:个体量词的平均正确率与量词词频表现出 0. 05 水平的中度相关,相关系数为 0. 603;个体量词各匹配项的正确率与名词词频未表现出显著相关。个体量词为多匹配量词,匹配特征迥异的各类名词,量词的语义特征通过多个匹配名词的对比显现,高词频的个体量词具有较高复现率,有利于建立习得的基础数据,有助于学习者通过较多数量的名词匹配发现语义的共性,归纳量词的特征。由于形状量词、多匹配功用特征量词、外部特征量词等不同类别的个体量词与语义有不同程度的联系,个体量词各匹配项的正确率未表现出与名词词频的显著相关。

（2）专职量词

由于专职量词在问卷中仅测试单个项目，专职量词和名词为一对一关系。根据专职量词的正确率与量词名词词频的相关分析，分析词频在专职量词习得中的作用。表 4.18、表 4.19 为专职量词正确率与词频相关分析的描述性统计量和相关性数据。

表 4.18 专职量词正确率与词频相关分析描述性统计量

描述性统计量			
	均值	标准差	N
量词词频	201.796	316.776 7	11
名词词频	209.426	135.044 8	11
正确率	75.071 8	16.135 82	11

表 4.19 专职量词正确率与词频相关性数据

相关性				
		量词词频	名词词频	正确率
量词词频	Pearson 相关性	1	−.058	.357
	显著性（双侧）		.867	.282
	N	11	11	11
名词词频	Pearson 相关性	−.058	1	.741**
	显著性（双侧）	.867		.009
	N	11	11	11
正确率	Pearson 相关性	.357	.741**	1
	显著性（双侧）	.282	.009	
	N	11	11	11

**.在 .01 水平（双侧）上显著相关。

对专职量词的正确率与量词名词词频的 Pearson 相关分析显示：专职置词的正确率与名词词频中度相关，相关系数为 0.741，显著值 0.09；正确率与量词词频的相关系数为 0.357，但未达到显著相关。综合分析，专职量词的习得情况与名词词频表现出更为显著的相关度。分析原因：专职量词匹配较为单一，部分专职量词在发展过程中语义虚化，在现代汉语中，仅与特定名词组合，很少出现于其他语境，学习者较难习得其语义，如量词"匹"。相比较而言，与专职量词匹配的名词语义大多较为具体，可出现于多种语境，语义较易习得。因此专职量词的习得正确率与名词的复现率表现出较高的相关度。

（3）表量量词

表量量词与名词同样为一对多关系，因此通过表量量词平均正确率与量词词频、表量量词正确率与名词词频的相关分析，分析词频对表量名词习得情况的影响。表 4.20、表 4.21 为表量量词平均正确率与量词词频的相关分析描述性统计量与相关性数据。

表 4.20　表量量词平均正确率与量词词频相关分析描述性统计量

描述性统计量			
	均值	标准差	N
量词词频	280.932	544.593 7	12
平均正确率	34.542 5	22.981 30	12

表 4.21 表量量词平均正确率与量词词频相关性数据

相关性		量词词频	平均正确率
量词词频	Pearson 相关性	1	.275
	显著性（双侧）		.386
	N	12	12
平均正确率	Pearson 相关性	.275	1
	显著性（双侧）	.386	
	N	12	12

表 4.22、表 4.23 为表量量词正确率与名词词频相关分析的描述性统计量和相关性数据。

表 4.22 表量量词正确率与名词词频相关分析描述性统计量

描述性统计量	均值	标准差	N
名词词频	214.879	230.332 4	13
正确率	37.220 8	22.682 48	13

表 4.23 表量量词正确率与名词词频相关性数据

相关性		名词词频	正确率
名词词频	Pearson 相关性	1.	609*
	显著性（双侧）		.027
	N	13	13
正确率	pearson 相关性	.609*	1
	显著性（双侧）	.0.27	
	N	13	13

*. 在 0.05 水平（双侧）上显著相关。

对仅包括集合量词、部分量词、容载量词的表量量词平均正确率-量词词频、正确率-名词词频进行相关分析,结果显示,正确率与名词的相关度为 0.609,显著水平为 0.05。本项测试的部分表量量词的正确率表现出与名词词频的中度相关。应该指出,测试考查的集合量词较少,提供的名词选项不多,主要测量题型为一名多量,相关分析中有重复数据,这一相关度数值的可信度也有所降低。从直观分析,表量名的正确率与名词词频相关度值得进一步验证。

综合各项分析,初中级德语母语学习者的名量词习得情况与词频因素具有相关性。其中,个体量词的习得情况与量词词频具有较高的相关度,专职量词的习得情况与名词词频具有较高的相关度。个体量词具有多个义项,匹配不同名词,同一义项的各个匹配名词具有语义共性,各匹配名词具有不同特征,不利于量词的习得,量词与各匹配项均具有语义联系,量词的复现率有助于形成语言实例的数据基础,学习者可在此基础上通过语义分析习得个体量词的关键语义特征,因此个体量词的习得情况与量词词频表现出较高的相关度。专职量词匹配单一,量词的习得与化械记忆①有较强的关联,复现率有助于形成固定记忆。由于专职量词的意义虚化而名词具有实义,专职量词的习得情况与名词词频表现出更高的相关度。应该指出,个体量词的习得情况与名词词频、专职量词的习得情况与量词词频也具有 一定的联系。问卷调查结果显示:个体量词的多个匹配项中,习得情况受语义影响不显著的项目选择频率与名词词频表现出一致性;专职量词中,量词词频较高的项目选择频率较高。综合分析,词

---

① Peggy Li & Becky Huang & Hsia Yaling (2010) Learning that classifier count: Mandarin-speaking Chinldren's Acquisition of Sortal and Mensural Classifiers. *East Asian Lingusit* 19, 209.

频对名量词的习得情况具有影响。

4.5.2　语义因素

在具体名量词各项正确率的分析中，可以看到语义的不同方面对名量词习得的影响。下面将通过因子分析，分析六个测试项目间的共同因子。由于问卷第一题为语义判断，第三题为辨义匹配，测试项目间的相关性能对语义因素的作用作出说明。

4.5.2.1　因子分析

因子分析部分首先对问卷六题的正确性进行相关分析，以检验是否适用因子分析方法。然后通过 KMO 和 Bartlett 检验是否符合因子分析的条件。经过数据录入，输出变量共同度、方差贡献率、因子成分矩阵，最后通过旋转空间成分图对主成分进行直观分析。

表 4.24　因子分析相关矩阵

				相关矩阵			
		语义判断	专职量词	辨义匹配	一名多量	一量多名	偏误判断
相关	语义判断	1.000	.539	.123	.737	.699	.252
	专职量词	.539	1.000	.365	.426	.468	.031
	辨义匹配	.123	.365	1.000	.115	.201	.036
	一名多量	.737.	.426	.115	1.000	.819	.299
	一量多名	.699	.468	.201	.819	1.000	.192
	偏误判断	.252	.031	.036	.299	.192	1.000
Sig.（单侧）	语义判断		.001	.256	.000	.000	.086
	专职量词	.001		.022	.008	.004	.434
	辨义匹配	.256	0.22		.269	.140	.424
	一名多量	.000	.008	0.269		.000	.051
	一量多名	.000	.004	.140	.000		.150
	偏误判断	.086	.434	.424	.051	.150	

表 4.24 为测试项目相关系数矩阵,六项测试的相关系数为 0.3—0.8,显著性检验 sig 值低于 0.05,各测试项目存在显著相关性,可进一步分析共同因子。相关性数据显示,"语义判断"与"专职量词""一名多量""一量多名"等匹配测试间均具有中度以上的相关度,语义因素应与量词匹配的习得具有关联。以下将进一步通过降维进行观察。

表 4.25 因子分析 KMO 及 Bartlett 检验

KMO 和 Bartlett 的检验		
取样足够度的 Kaiser-Meyer-01kin 度量。		.747
Bartlett 的球形度检验	近似卡方	71.323
	df	15
	Sig.	.000

表 4.25 为因子分析的 KMO 检验和 Bartlett 球形检验。经检验,六项测试具备因子分析的条件。KMO 检验值为 0.747(>0.7),表明各测试项目的偏相关性较高,因子分析效果较好。Bartlett 球形检验 sig 值为 0.000(<0.01),表明相关矩阵不是单位阵,各测试项目显著相关,适合进行因子分析。

表 4.26 因子分析公因子方差

公因子方差		
	初始	提取
语义判断	1.000	.777
专职量词	1.000	.685
辨义匹配	1.000	.646
一名多量	1.000	.840
一量多名	1.000	.786
偏误判断	1.000	.418
提取方法:主成分分析		

表 4.27　因子分析公因子解释的总方差

解释的总方差

成分	初始特征值			提取平方和载入			旋转平方和载入		
	合计	方差的%	累积%	合计	方差的%	累积%	合计	方差的%	累积%
1	3.024	50.406	50.406	3.024	50.406	50.406	2.820	46.996	46.996
2	1.128	18.792	69.198	1.128	18.792	69.198	1.332	22.202	69.198
3	.884	14.726	83.925						
4	.520	8.674	92.599						
5	.278	4.632	97.231						
6	.1661	2.769	100.000						

提取方法：主成分分析

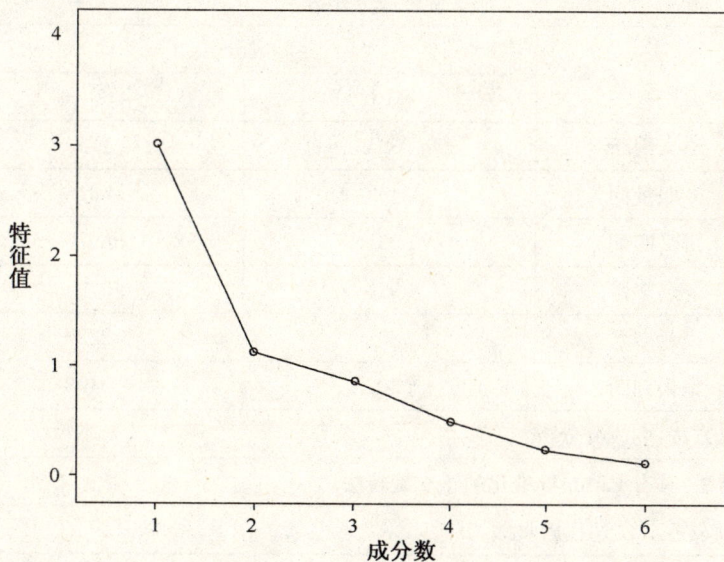

图 4.7　因子分析碎石图

表 4.26 列出了所有因子对各测试项目初始信息提取的比例，即变量共同度。多数项目的变量共同度在 0.7 左右，"一名多量"匹配测试变量共同度大于 0.8。综合观察，提取的公因子包含各测试项目的大部分信息，有较好解释作用。表 4.27 为各因子的特征值和方差贡献率。因子 1 特征值 3.024、方差贡献率 50.406%，因子 2 特征值为 1.128、方差贡献率 18.792%。两个因子累计方差贡献率 69.198%，能解释测试项目信息的 70%。其他因子特征值小于 1。图 4.7 为各因子特征值图示，因子 1 与因子 2 坡度陡峭，作用显著，因子 3—因子 6 坡度减缓，作用降低，可以直观地看到，提取两个因子具有较好的解释作用。

表 4.28　因子分析旋转成分矩降

旋转成分矩阵[a]

	成分	
	1	2
语义判断	.864	.175
专职量词	.497	.661
辨义匹配	.061	.801
一名多量	.913	.079
一量多名	.858	.223
偏误判断	.502	−.408

提取方法：主成分分析

旋转法：具有 kaiser 标准化的正交旋转法。[a]

a. 旋转在 3 次迭代后收敛。

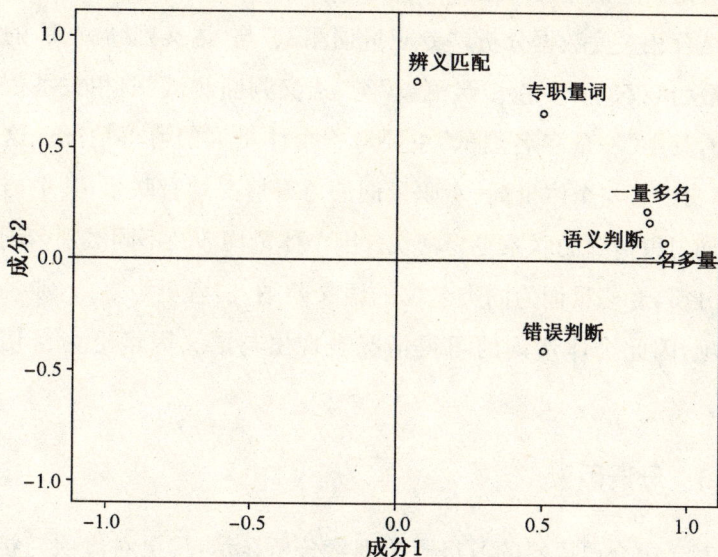

图 4.8　因子分析旋转空间成分图

　　表 4.28 为各测试项目旋转后的因子载荷,图 4.8 为载荷图。旋转后的因子载荷显示:因子 1"语义判断""一名多量""一量多名"三个测试项目载荷值大于 0.7,说明因子 1 能较好地代表这三个项目;因子 2 在"辨文匹配"项的载荷值大于 0.7,说明因子 2 能较好地代表"辨义匹配"测试。观察载荷图,"语义判断""一名多量""一量多名"分布集中,且位于横轴的远端,因子 1 与这三个项目相关性较高,"一名多量""一量多名"涉及量词与名词的语义特征分析与双向匹配,"语义判断"测量学习者对量词主要语义特征的判断,经特征分析,这三个项目的共同因子为语义分析。"辨义匹配""专职量词"位于纵轴的远端,在两项测试中,学习者都将对不同名量词进行特征比对,经题型观察,这两个项目的共同因子为语义对比。因子分析的两个主导因素均与语义有关,涉及语义加工的不同方面。综合分析,语

义因素是名量词习得的重要影响因素。

结合相关度数据分析,"专职量词测试"与"语义判断测试"的相关系数为 0.539,"一量多名测试"与"语义判断测试"的相关系数为 0.699,其中"一量多名测试"主要考查个体量词的习得情况。这表明:语义因素与个体量词、专职量词的习得情况均有联系,其中与个体量词习得情况的联系更为密切。因个体量词涉及不同类别名词的语义分析,专职量词为同类名词的语义归纳,前者更为复杂,涉及更多义项,因此个体量词的习得情况表现出与语义因素更为密切的联系。

4.5.3 母语因素

基于中介语语料的习得影响因素分析显示,母语对应项与学习者名量词的使用频率表现出相关性,反映了母语对名量词习得的影响。母语影响能否通过问卷正确率与母语频次的相关性得到反映,本节将对此进行具体分析。

4.5.3.1 问卷平均正确率与德语对应项频次相关性分析

在基于问卷正确率的母语影响因素分析中,首先对问卷平均正确率与德语表量名词频次进行相关分析,分析统计结果,其次根据问卷具体项目的测试情况,结合语料库的研究,对母语在名量词习得中的影响作用进行具体分析。表 4.29、表 4.30 列出了问卷名量词的平均正确率与德语表量名词频次相关分析的描述性统计量和相关性数据。

表 4. 29 问卷平均正确率与德语对应项频次相关分析描述性统计量

描述性统计量			
	均值	标准差	N
平均正确率	52. 305 1	25. 187 21	35
德语对应项频次	2. 37	6. 107	35

表 4. 30 问卷平均正确率与德语对应项频次相关性数据

相关性		平均正确率	德语对应项频次
平均正确率	Pearson 相关性	1	.010
	显著性(双侧)		.956
	N	35	35
德语对应项频次	Pearson 相关性	.010	1
	显著牲(双侧)	.956	
	N	35	35

在 Pearson 及 Spearman 两种相关分析中,学习者母语对应项的频次与问卷名量词的正确率均未表现出具有统升意义的相关度。由于德语表量名词与汉语量词在匹配项上不完全对应,问卷测试项目涉及多种量词及名量词的多种匹配,大部分为汉语特有的匹配。由于有母语对应项的项目较少,测试主要反映目的语项目的习得情况,问卷正确率未表现出与表量名词频次的较高关联。但不能据此否认母语对名量词习得的影响,仅能说明,母语影响未能通过数据表现出来。结合中介语语料库及问卷调查结果分析,母语因素在名量词的使用频率、量词的正确率、学习者的语法敏感度方面都表现出不同程度的影响。语料库中,具备母语对应项的量词学习者表现出了较高的使用率。学习者量词的正确率也与母语对应项表现出关联。当母

语对应项与汉语项目对应程度较高时,学习者表现出较高的习得水平。当母语对应项与汉语量词语义具有一致性但匹配项差异较大时,具有一定的干扰作用。当母语对应项与汉语量词在语义上差别较大时,学习者具有一定的判别能力。同时母语对应项对表量名词语法结构的习得具有一定的影响。综合分析:学习者的母语对名量词的习得具有影响。

第 4.5 节对名量词的习得影响因素进行了统计分析,词频、语义、母语因素对名量词的习得情况表现出不同程度的影响。其中:词频与个体量词、专职量词的习得情况均表现出较为显著的相关度,量词词频对个体量词的习得情况具有更为显著的影响,名词词频对专职量词的习得情况具有更为显著的影响。语义因素对个体量词、专职量词及其他量词的习得情况均有影响,与个体量词、专职量词中度相关,对个体量词习得情况的影响相对显著。母语影响未能通过正确率与德语对应项频次的相关性表现出来,结合中介语及问卷调查结果分析,母语对名量词的匹配、语法等方面表现出影响。

其他影响因素包括学习策略、教学因素、学习时长、学习环境等,在中介语及问卷调查结果中也有一定的反映。学习者在习得初期使用一定的泛用策略,泛用"个"、泛用类别常用量词、泛用已习得项目等,对名量词的使用及正确匹配的习得产生影响。"几口人一两口孩子"反映了教学因素对名量词习得的影响。不同受测者测试水平的差异反映了学习时长、学习环境对名量词习得的影响。

4.6　本章小结

通过问卷调查的实施与结果分析,本章分析了学习者对名量词语义、匹配、语法的习得情况。初中级德语母语学习者具备一定的语义归纳能力,对名量词的习得并不完全依靠机械记忆。在各语义项目中,学习者对生命度的判断好于外形特征;外形特征项目中,形状特征的判断较好,其次为显著局部,规格特征的判断正确率最低。在量名匹配测试的分析部分,从习得情况、习得影响因素等角度对量名匹配测试的调查结果进行了具体分析。不同名量词表现出不同的习得情况,和各类影响因素的不同影响作用。在语法判断测试的分析部分,对学习者语法偏误的判断情况进行了分析。学习者对各类偏误表现出不同的敏感度。在量名匹配正确率的基础上,对名量词的习得难度进行了分析,分析了 35 个常用名量词的难度级别,并按照功能类别与语义类别对名量词的类别难度进行了分析。各类名量词表现出一定的难度顺序。在名量词习得情况分析的基础上,对初中级学习者的习得特点进行了分析。初中级阶段的德语母语学习者在名量词习得方面表现出一定的阶段特点与语别特点。本章同时对名量词的习得影响因素进行了统计分析。词频因素、语义因素、母语因素对名量词的习得表现出不同的影响作用。词频因素通过复现率影响学习者名量词的习得。语义因素通过名量词项目的语义难易度对名量词的习得产生影响。母语对学习者名量词的习得具有促进或不利的影响。

第五章
研究结论与相关建议

本文对初中级德语母语学习者中介语语斜库的情况进行了检索，分析学习者中介语名量词的使用情况与偏误情况，并将中介语语料库使用频次与母语对应项频次及目的语量词词频进行相关分析，进行基于使用率的习得影响因素分析。由于语料库检索的用例只涉及名量词的个别义项，为全面地考察学习者的习得情况，对中介语语料库涉及的名量词及其他具有代表性的常用名量词进行考查，测量学习者对名量词语义、匹配、语法的习得情况。并在匹配测试正确率的基础上，分析名量词的习得难度，名量词的类别难度、学习者的习得特点。在频率的基础上，通过问卷正确率与词频的相关分析，分析目的语使用频率对学习者名量词习得的影响；通过问卷各项的因子分析，分析名量词项目的语义因素对学习者名量词习得的影响；通过问卷正确率与母语对应项频次的相关分析，分析母语表量名词使用频次与问卷测试水平之间的相关性。

5.1　主要研究结论

通过本文的研究，可以得出如下结论：

（1）初中级学习者对名量词的语义有一定的习得，其中对生命度语义的习得情况好于对外形特征的习得情况。各生命度类别均有一个量词习得情况显著好于其他，涉及类别名词较少、使用范围较小的量词与集合量词在同类别量词中语义判断正确率相对较低。反映了学习者语义习得中由一般到特殊，由个体到集合的发展过程。外形特征各语义中，形状特征的习得情况好于显著局部，好于大小规模，反映了名量词习得中由整体到局部，由概括到具体的认知规律。学习者的语义判断情况说明，初中级学习者对名量词的语义有一定的习得，学习者量词的习得并不是完全依靠记忆。

（2）初中级学习者对各名量词项目表现出不均等的习得情况，对名量词各匹配项的习得也表现出差异。其中，常用量词、匹配较为单一的量词习得较好，非典型量词、表量具有相对性的量词习得较差。量词各匹配项中，常用项目、有生项目、外形显著的项目习得较好，抽象的项目习得较差。名量词各类别也表现出不均等的习得情况。个体量词中，通用量词、形状量词习得较好，外部特征量词、多匹配功用特征量词习得较差。专职量词中，离散的、可移动的量词习得情况好于较大的不可移动的量词；有生量词中，指人量词习得情况好于动物量词、植物量词。

（3）在名量词习得情况的基础上，本文对名量词的习得难度进行了分析。分析了常用名量词的项目难度，并按照功能和语义两种分类方法分析了名量词的类别难度。名量词的项目难度等级表见具体章节，名量词的类别难度顺序如下：

功能类别：专职量词、容载量词＜个体量词＜集合量词、部分量词＜临时量词。

语义类别：指人量词＜容载量词＜植物量词、动物量词、通用量词＜功用特征量词、形状量词、外部特征量词＜集合量词、部分量词＜临时量词。

（4）在名量词的语法习得方面,初中级阶段的学习者能够较好地判断名量词遗漏、名量词多余,对名量词搭配不当也有一定的判断能力,"的"字多余、名量词位置不当偏误的判断正确率较低。学习者在这一阶段知道要用量词,在涉及较为简单的量词时知道该不该用,在用哪一个方面也有一定的判别能力,但对数量短语的"的"字多余、与名量词有关的语序不当等结构偏误缺乏敏感度。语料库的用例表明,在涉及较为复杂的语法条件,如谈论抽象概念、涉及比喻、物质名词的情况下,表现出一定的多用和误用偏误。测试项目显示,学习者在涉及临时量词、表示动态的量词时,对相关用例不能正确判断。

（5）初中级德语母语者对量词语义、语法、匹配项目的习得还处于基础阶段,在与已有知识不符的情况下,可能表现出一定的偏误。从语别特点看,初中级德语母语者表现出与韩语母语者较大的差异,与英语母语者表现出共性,包括偏误的分布,偏误类型以及习得项目。除共性之外,初中级德语母语者也表现出不同的特点,如,出现较多与通用表量词 Stuck 相关的偏误,由于认知差异表现出相当比例的类别不符量名匹配偏误,在用于敬称的指人量词、容载量词方面表现出较高的习得水平等。

（6）本文分别进行了基于中介语使用与问卷测试的习得影响因素分析。中介语语料库的相关分析显示,学习者名量词的使用情况与目的语量词项目的出现频率表现出相关性。以问卷正确率为基础的相关分析显示,词频与名量词的习得情况具有关联。其中专职量词的习得情况与名词词频表现出较高的关联,个体量词的习得情况与量词词频表现出较高的关联。在量词的习得中,语义因素通过在生命度、抽象度、外形显著度、具体的语义特征方面表现出的难易度对名量词的习得产生影响。通过对问卷各测试项目的因子分析,影响名量词习得的两个主成分均与语义分析有关，语义分析在名量词的习得中具有重要作用。由于涉及更复杂的义项，个体量词测试项目表现出与语义分析更为紧密的联系。通过对中介语语料库与母语对应项词频的相关分析，学习者中介语名量词的使用率及正确率与母语对应项的频率均具有相关性，这表明学习者母语影响学习者名量词的习得。母语影响在问卷测试具体项目的正确率数据上也有一定的表现。影响名量词习得的其他因素包括学习策略、教学因素、学习时长、学习环境等。

5.2 问题讨论

由于中介语语料反映学习者自主使用名量词的情况，问卷对学习者名量词的习得情况进行调查，两项研究的统计数据在数值上表现出差异。中介语使用的项目为学习者熟悉度较高的项目，学习者使用的多为目的语输入频率较高或存在母语对应项的项目；问卷对名量词的习得情况进行较为深入全面的考查，涉及输入频率较低及无母语对应项的项目，具体的相关度数值也有所降低。同时自主使用对习得的要求更高，与词频及母语也表现出更高的相关度。

5.3 相关建议

针对学习者名量词的习得情况，本文对学习者及教学者分别提出如下建议：

（1）给学习者的建议

由于各类别名量词表现出不同的习得情况，受到不同因素的影响,学习者在习得过程中,应采取不同的策略。对于专职量词,可通过语境练习、会话练习、听力练习等提高复现率,提高习得水平。对于个体量词,由于个体量词可与不同名词匹配,因此要注意具体的量名匹配用例,对不同的匹配进行对比分析,寻找共性,当已分析的语义特征与用例不符时,可进行进一步的语义分析,寻找不同之处。通常以这种方法,可以对近义项目进行辨别,并对个体量词的语义有更深入的习得。对于集合量词,由于集合量词可与不同名词匹配,不同名词之间语义共性较少,应联系名词进行语境练习。部分量词涉及事物的相对特征,应具体分析各量词涉及的具体特征,并联系同一名词的个体量词一起记忆。容载量词可与实物联系记忆。临时量词应分析其可容可附特征[①],并可与容载量词对比。

在学习方法上,可通过阅读、听力、会话增加正确的输入,提高对名量词语法和具体匹配的熟悉度;强化专用量词的习得,有专用量词的,尽量不用"个";对包含数量短语的用例多加留意,注意进行对化分析,分析量词、名词的特征,对比数量短语的结构差异和名量词使用的语法条件;对汉字的写法也应进行一定的练习;在习得中,注意和母语进行对比,对于具有母语对应项的量词,对比匹配项目的差异。使用专用量词,可降低"个"的泛用;进行名词、量词的特征分析,可降低语义迁移引起的偏误;分析数量短语的结构差异和名量词使用的语法条件,可提高名量词语法的习得水平;汉字的书写练习可降低同音误用偏误;母语对应项的分析对比,可以发挥母语的正面作用,降低母语负迁移。

---

① 邵敬敏(2007):量词的语义分析及其与名词的双向匹配,见邵敬敏主编《汉语语法的立体研究》,北京:商务印书馆,第38页。

（2）给教学者的建议

在语言教学中，教学者应根据具体的量词类别和量词项目采用不同的教学方法。个体量词中的通用量词，使用范围较广，学习者可能习得了常用义项，对非常用义项的习得水平较低，并在使用中表现出一定程度的泛用。在教学中，教学者应提示常用义项之外的其他义项，分析具体使用情况和通用量词的不适用条件，对可能出现的偏误进行预警。形状量词具有一定的外形共性，应首先侧重原型项目的教学，在一定阶段对多个匹配项的共同特征进行分析，按照 $i+1$ 的原则，逐步进行非典型项目与抽象项目的教学。外部特征量词与功用特征量词涉及多种匹配，具有多个义项，应分析具体情况，采用不同的教学方法。对与外形特征有关的义项，通过多种匹配形象特征的共性对语义进行分析和提示；对与使用率关联较为密切的常用义项，在教学中进行总结，通过练习进行强化，增强运用能力；对于较为抽象的义项，通过具体的用例进行练习，对涉及的外形特征等进行适度分析。专职量词匹配单一，有些匹配缺乏足够的理据，学习者的习得情况与词频有较高的关联，应通过不同形式的练习进行操练，增加输入量，促进学习者的习得。集合量词、部分量词在表量方面具有相对性，应在个体量词的基础上进行教学，集合量词可对具体语义特征进行提示，如"束""把$_2$"，部分量词可通过图示进行教学。容载量词习得难度较低，学习者习得情况较好，但也应注意具体项目德汉匹配方面的差异。临时量词习得难度较大，可通过实际的例句进行教学，提示可容可附特征，并可与容载量词进行对比。

应根据德语母语学习者的习得特点进行针对性的教学，对比母语与汉语在语义、匹配、语法方面的差异，分析学习者偏误，进行针对性的练习。并根据初中级学习者的阶段特点，遵循由常用到非常用、由典型到非典型、由具体到抽象的教学规律。

由于课堂教学是学习者获得语法知识的重要途径,应重视量词语法知识的教学。在习得的初期阶段,侧重"数＋量＋名"基本语法的教学。随着习得的深入,对包含"的"字的数量短语进行对比,区分个体量词与集合量词在能否加"的"方面的差异;对多项定语的语序进行教学。在具备一定习得基础的情况下,对于有一定难度的语法项目进行教学,对比喻句中的名量词使用、谈论抽象话题时的名量词使用、与物质名词有关的名量词使用、名量词的固定短语等进行讲解和练习。

5.4　结　语

名量词的习得影响学习者的语言整体表现,影响语言使用的正确性和得体性。在第二语言学习中应重视名量词的教与学。对基础阶段习得特点的分析,可以了解学习者的习得难点和习得特点,进行针对性的教学。本文以德语母语学习者为研究对象,对名量词的项目难度和类别难度进行了分析,分析了基础阶段的习得特点,德语母语学习者与其他母语学习者的共性和差异,希望能给具体的教学工作提供参考。同时,本文通过词频与中介语使用率及问卷正确率的相关分析,各项测试的因子分析,分析了名量词习得的影响因素,在教学活动中,教学者可以根据具体的名量词类别和名量词项目选择恰当的教学方法,提高教学的针对性。根据词频进行的相关分析,验证了频率因素对语言项目习得的影响,也可为相关的研究提供一定的参考①。

　　本文的研究尚存在一些不足。由于德语母语学习者语料有限，中介语名量词用例及偏误句数量较少，未能全面地反映学习者的偏误情况。同时，本文重点分析了词频、语义、母语对名量词习得的影响，对中介语语料和问卷调查结果进行了分析。而学习策略、教学因素、学习时长、学习环境等对名量词的习得也具有影响，这启发我们进行进一步的研究，更深入地了解名量词的习得与教学，促进学习者语言的发展。

---

① Freeman, D. & M. Long (2009) *An Introduction to Second Language Acquisition Research*. Beijing: Foreign Language Teaching and Research Press. 133.

参考文献

[1] 白少辉(2003)个体量词的语文特征和对外汉语教学,黑龙江大学硕士学位论文。

[2] 董雅莉(2012)汉语作为第二语言学习者量词习得情况考察,北京大学硕士学位论文。

[3] 番秀英(2009)汉语和泰语个体量词对化研究,北京语言大学博士学位论文。

[4] 樊中元(2009)论配同关系量词"颗"与"粒",《广西师范大学学报(哲学社会科学版)》第 6 期。

[5] 方富熹(1985)4—6 岁儿童掌握汉语量词水平的实验研究,《心理学报》第 4 期。

[6] 伏学凤(2007)初、中级日韩留学生汉语量词运用偏误分析,《语言文字应用》第 S1 期。

[7] 高艳丽(2011)普通话儿童量词习得研究,《海外英语》第 14 期。

[8] 高昱(2011)母语为英语和韩语的汉语学习者表形量词习得研究,北京语言大学硕士学位论义。

[9] 猴瑞隆(2006)认知分析与对外汉语示形量词教学——对外汉语量词教学个案研究系列之一,《云南师范大学学报》第 3 期。

[10] 猴瑞隆,黄卓明,刘钦荣(2009)示形量词"股、束、缕、绺"的用法及认知基础——对外汉语量词教学个案研究系列之二,《云南

师范大学学报(对外汉语教学与研究版)》第 2 期。

[11] 猴瑞隆,田明秋(2009)量词"门、种、类"的用法及其认知基础——对外没语量词教学个案研究之三,《云南师范大学学报(对外汉语教学与研究版)》第 3 期。

[12] 猴瑞隆(2010)"条形"量词的句法认知基础探析——对外汉语量词教学个案研究系列之五,《郑州大学学报(哲学社会科学版)》第 6 期。

[13] 郭先珍(1987)《汉语量词的应用》,北京:中国物资出版社。

[14] 何杰(2008)《现代汉语量词研究》增编版,北京:北京语言大学出版社。

[15] 胡清国(2012)中高级留学生汉语量词习得的调查与分析,《语言教学与研究》第 5 期。

[16] 焦凡(2011)《看图学量词:汉英对照》,北京:华语教学出版社。

[17] 雷敏(2010)对外汉语量词教学探析,四川师范大学硕士学位论文。

[18] 黎东良(2007)《最新德语汉语比较语法》,天津:天津大学出版社。

[19] 黎仲明(2012)英语为母语的汉语学习者名量词偏误分析,复旦大学硕士学位论文。

[20] 李行健等(2010)《现代汉语量词规范词典》,石家庄:河北教育出版社。

[21] 李巧珍(2012)外国留学生汉语线状量词习得研究,南京师范大学硕士学位论文。

[22] 李秋梅(1996)谈德语量词的形态变化,《德语学习》第 6 期。

[23] 李月炯(2008)现代汉语量词研究与对外汉语量词教学,四川大

学硕士学位论文。

[24] 刘光(1986)《汉德语法比较》,北京:科学普及出版社。

[25] 刘佳(2012)初级阶段留学生习得汉语量词偏误分析,华中科技
大学硕士学位论文。

[26] 刘鞯(2013)英语母语学习者汉语名量词习得研究,南京大学硕
士学位论文。

[27] 刘月华(2001)《实用现代汉语语法》增订本,北京:商务印书馆。

[28] 陆庆和,黄兴(2009)《汉语水平步步高——关联词语、量词》,苏
州:苏州大学出版社。

[29] 吕叔湘(1980)《现代汉语八百词》,北京:商务印书馆。

[30] 孟繁杰,李如龙(2010)量词"张"的产生及其历史演变,《中国语
文》第 5 期。

[31] 潘再平等(2010)《新德汉词典》,上海:上海译文出版社。

[32] 彭新鼎,刘大滋,胡绍琳(1986)3—6 岁幼儿掌握量词的特点,
《西南师范大学学报(自然科学版)》第 2 期。

[33] 彭媛(2009)由量词"串"管窥对外汉语量词教学,《云南师范大
学学报(对外汉语教学与研究版)》第 5 期。

[34] 钱文彩(2002)《汉德语言实用对比研究》,北京:外语教学与研
究出版社。

[35] 邵敬敏(2007)量词的语义分析及其与名词的双向选择,见邵敬
敏主编《汉语语法的立体研究》,北京:商务印书馆。

[36] 沈家煊(1995)"有界"与"无界",《中国语文》第 5 期。

[37] 石毓智(2001)表物体形状的量词的认知基础,《语言教学与研
究》第 1 期。

[38] 苏永锋(2012)保加利亚学生汉语量词习得研究及偏误分析,西

安外国语大学硕士学位论文。

[39] 唐翠菊(2007)日语母语者和英语母语者汉语量词习得偏误分析,见赵金铭等主编《基于中介语语料库的汉语句法研究》,北京:北京大学出版社。

[40] 唐淑宏(2007)对外汉语量词教学研究,吉林大学硕士学位论文。

[41] 王力(1980)《汉语史稿》,北京:中华书局。

[42] 王敏媛(2007)汉语作为第二语言的名量词习得研究,北京语言大学硕士学位论文。

[43] 新 HSK(四级)词汇(汉语—英语)http://zhengwen.chinese.cn/hsk.jsp

[44] 许冰(2013)对外汉语教学中的名量词教学分析,西安外国语大学硕士学位论文。

[45] 闫丽(2010)中亚留学生汉语量词使用现状调查研究,新疆师范大学硕士学位论文。

[46] 杨彩贤(2010)现代汉语和泰语名量词比较及对泰汉语名量词教学,陕西师范大学硕士学位论文。

[47] 杨妹(2012)对德汉语初级口语教学难点与对策研究,湖南师范大学硕士学位论文。

[48] 杨壮春,龚志维(1999)英汉数量词组对比研究,《外语教学》第 1 期。

[49] 姚双云,樊中元(2002)汉语空间义量词考察,《湖南师范大学社会科学学报》第 6 期。

[50] 叶本度(2000)《朗氏德汉双解大词典》,北京:外语教学与研究出版社。

[51] 于纯忠(1998)谈谈德语中表示量度、数量和钱币名词的一些变化规律,《德语学习》第 5 期。

[52] 张赪(2009)类型学背景下的汉泰语量词语义系统对比和汉语量词教学,《世界汉语教学》第 4 期。

[53] 张念(2011)西班牙学生汉语定语使用情况考察分析,《华文教学与研究》第 3 期。

[54] 张启睿,舒华,刘友谊(2011)汉语个体量词认知研究述评,《心理科学进展》第 4 期。

[55] 张婷(2004)外国留学生量词习得过程研究,华中科技大学硕士学位论文。

[56] 赵元任(1980)《中国话的文法》,香港:中文大学出版社。

[57] 郑渊暻(2012)韩国初中级汉语学习者的名量词习得难点及名量词搭配研究,山东大学硕士学位论文。

[58] 周芍(2010)量词"层"和"重"语义对比分析,《汉语学习》第 4 期。

[59] 朱德熙(1982)《语法讲义》,北京:商务印书馆。

[60] Allan, Keith. (1977) Classifiers. *Language* 53, 285 – 311.

[61] Aikhenvald, Alexandra Yrievna. (2003) *Classifier: A Typology of Noun Categorization Devices*. New York: Oxford University Press.

[62] Chou, Tai-Li., Shu-Hui Lee, Shao-Min Hung & Hsuan-Chih Chen (2012) The Role of Inferior Frontal Gyrus in Processing Chinese Classifiers. *Neuropsychologia* 50, 1408 – 1415.

[63] Erbaugh, Mary S. (1986) Taking Stock: The Development of Chinese Noun Classifiers Historically and in Young

Children. In Colette G. Craig（ed.）, *Noun Classes and Catergorization*. Amstercdam: John Benjamins Publishing Company. 399 – 431.

[64] Freeman, D. & M. Long（2009）*An Introduction to Second Language Acquisition Research*. Beijing: Foreign Language Teaching and Research Press.

[65] Kaiser, H. F.（1974）An Index of Factorial Simplicity. *Psychometrika* 39, 31 – 36.

[66] Lakoff, George.（1986）Classifiers as Reflection of Mind. In Colette G. Craig（ed. ）, *Noun Classes and Catergorization*. Amsterdam: John Benjamins Publishing Company. 13 – 52.

[67] Langacker, Ronald W.（1991）Noun Classifiers. In Ronald W. Langacker（ed.）, *Foundations of Cognitive Grammar: Descriptive Application*. California: Standford University Press. 164 – 167.

[68] Li, Peggy. , Becky Huang & Yaling Hsiao（2010）Learning That Classifier Count: Mandarin-speaking Children's Acquisition of Sortal and Mensural Classifiers. *East Asian Linguist* 19, 207 – 230.

[69] Liang, Szu-Yen.（2009）The Acquisition of Chinese Nominal Classifiers By L2 Adulut Learners. Ph. D. Thesis at Unversity of Texas at Arlington.

[70] Tai, Jajnes H-Y.（1999）A Note on the Classifier Bue in Southern Min. In Ting Pang-Hsin（ed.）, Contemporary Studies on the Min Dialects. *Journal of Chinese Linguistics*,

Monograph Series 14, 225 - 228.

[71] Tai, James H-Y. (1994) Chinese Classifier Systems and Human Categorization. In Matthew Chen & Ovid Tseng (eds.), *In Honor of Professor William S-Y. Wang: Interdisciplinary Studies on Language and Language Change*. Taipei: Pyramid Publishing Company. 479 - 494.

[72] Tai, James H-Y. & Fangyi Chao (1994) A Semantic Study of the Classifier Zhang. *Journal of Chinese Language Teachers Association* 29. 3, 67 - 78.

[73] Tai, James H-Y. & Lianqing Wang (1990) A Semantic Study of the Classifiertiao. *Journal of the Chinese Language Teachers Association* 25. 1. 35 - 56.

[74] Zhang, Yaxu., Jinlu Zhang & Baoquan Min (2012) Neural Dynamics of Animacy Processing in Language Comprehension: ERP Evidence from the Interpretation of Classifier-noun Combinations. *Brain & Language* 120, 321 - 331.

附录 A

新 HSK1-6 级名量词

（按词频排序）

	一级	二级	三级	四级	五级	六级
个体量词	个	块₂ 件	条 只 张 部 把₁ 口 门	份₁ 台 笔	片 支 颗 根 幅 圈 团 粒 顶	座 枚 枝
专职量词	名 本	间	位 家₁ 辆 头₁	篇₁ 封 棵 页₁ 朵	项 卷₁ 所 册₁ 匹 则	幢 艘 株 栋 丸
兼职量词				场 顿 趟	阵	番 堂
集合量词	些 点		种 家₂ 把₂ 双	群 行 排	届 套 类 堆	副 串 组 溜 束 丛 窝
部分量词			段 层	份₂ 篇₂ 页₂ 节	卷₂ 册₂ 滴	
容载量词	杯 车		碗 盘		盆 锅 壶	筐 罐
临时量词	桌子	身 手	头₂ 脚 脸 鼻子 地	肚子		
度量衡量词	块₁	元	米 公斤 角	公里 毛	吨 克 立方	毫米 磅

附录 B

汉语名量词习得情况调查问卷
Fragebogen zum Erwerb der Chinesischen
nominalen Zählwörter

  本问卷用于调查汉语名量词的习得情况。本研究的目的是考查名量词的习得规律，以提供改进教学的建议。请在不参考字典的情况下，回答问题。您所提供的信息将予以保密，并仅用于研究目的。谢谢您的合作！

  Dieser Fragebogen umfasst Fragen zum Erwerb der Chinesischen nominalen Zählwörter. Ziel der Forschung ist es，die Gesetzmäßigkeiten dem Erwerb von nominalen Zählwörter analysieren，und Empfehlungen zur Verbesserung der Lehr-und Lernformen geben. Bltte beantworten Sie diese Fragen ohne Bezug sum Wörterbuch. Die Informationen werden vertraulich behandelt und nur für Forschungszwecke verwendet. Vielen Dank für Ihre Mitarbeit！

国籍 Nationalität _____

班级 Klasse _____

年龄 Alter _____

性别 Geschlecht _____

母语 Muttersprache _____

是否华裔 Chinesischer Herkunft：□Ja　□Nein

HSK 等级 HSK Stufe：□0　□1 级　□2 级　□3 级　□4 级 □5 级　□6 级

准备考的 HSK 等级：Welche HSK-Test Stufe sind Sie bereit abzulegen?

□0　□1 级　□2 级　□3 级　□4 级　□5 级　□6 级

在国内学习汉语的时长 Wie lange haben Sie Chinesisch gelernt in Ihrem Land?

_____

在国内学习汉语的方式 Wie lernen Sie Chinesisch in Ihrem Land?

□课堂学习 Lernen im Klassenzimmer，_____ Stunden Unterricht pro Woche

□自学 Selbststudium

在中国学习汉语的时长 Wie lange haben Sie Chinesisch gelernt in China?

_____

在中国学习汉语的方式 Wie lernen Sie Chinesisch in China?

□ 课堂学习 Lernen im Klassenzimmer，_____ Stunden Unterricht pro Woche

□自学 Selbststudium

一、选择合适的量词填在横线上。Wählen Sie die entsprechenden Zählwörter aus und füllen Sie die Lücken aus.

1. 选择可以用于以下名词类别的量词，部分量词可多次使用。Wählen Sie die Zählwörter aus, die für die folgenden Nomen Kategorien verwendet werden kann. Einige dieser Zählwörter können mehrfach verwendet werden.

A. 个　　B. 头　　C. 名　　D. 只　　E. 群　　F. 朵
G. 部　　H. 台　　I. 棵

人（Mensch）_____

动物（Tier）_____

植物（Pflanze）_____

机器（Maschine）_____

2. 选出突显形状的量词。Wählen Sie die Zählwörter aus, die das Form betonen.

A. 条　　B. 张　　C. 笔　　D. 块

_____

3. 选出突显部分特征的量词。Wählen Sie die Zählwörter aus, die einen Teil des Gegenstandes hervorheben.

A. 把　　B. 根　　C. 口　　D. 顶

_____

4. 选出突显大小的量词。Wählen Sie die Zählwörter aus, die auf Größe konzentrieren.

A. 头　　B. 粒　　C. 条　　D. 间

二、选择合适的量词填空。Ergänzen Sie die richtigen Zählwörter. Jedes Zählwort kann nur einmal verwendet werden.

A. 本　　B. 朵　　C. 封　　D. 家　　E. 间　　F. 棵
G. 辆　　H. 匹　　I. 所　　J. 头

一＿＿＿＿＿车　　　一＿＿＿＿＿信　　　一＿＿＿＿＿书

一＿＿＿＿＿树　　　一＿＿＿＿＿花　　　一＿＿＿＿＿马

一＿＿＿＿＿牛　　　一＿＿＿＿＿商店　　一＿＿＿＿＿学校

一＿＿＿＿＿办公室

三、单项选择题；选择最合适的量词完成句子，每题只有一个正确答案。

Single-Choice-Fragen：wählen Sie die am besten geeignete Zählwörter, die Sätze zu vervollständigen. Es gibt nur eine richtige Antwort für jeden Satz.

1. 我们有两＿＿＿＿＿老师，教我们听说和语法。

    A. 个　　B. 位　　C. 站　　D. 口

2. 他有两＿＿＿＿＿孩子。

    A. 个　　B. 位　　C. 名　　D. 口

3. 我买了一＿＿＿＿＿伞。

    A. 个　　B. 把　　C. 块　　D. 根

4. 他戴着一＿＿＿＿＿帽子。

    A. 件　　B. 块　　C. 顶　　D. 张

5. 昨天我们看了一＿＿＿＿＿比赛。

A. 节　　B. 件　　C. 场　　D. 堂

四、多项选择题：选择可以和名词搭配的量词。Multiple-Choice-Fragen：wählen Sie die geeignete Zählwörter. Es gibt mehrere geeignete Zählwörter für jedes Substantiv.

1. 一_____水　　A. 个　　B. 滴　　C. 杯　　D. 身

2. 一_____菜　　A. 个　　B. 盘　　C. 些　　D. 桌子

3. 一_____路　　A. 个　　B. 条　　C. 段　　D. 根

4. 一_____纸　　A. 个　　B. 张　　C. 页　　D. 封

5. 一_____花　　A. 个　　B. 朵　　C. 种　　D. 束

五、多项选择题：选择可以和量词搭配的名词。Multiple-Choice-Fragen：wählen Sie die passenden Substantive. Es gibt mehrere passenden Substantive für jedes Zählwort.

1. 一件_____　　A. 事　　B. 衣服　　C. 礼物　　D. 要求

2. 一只_____　　A. 猫　　B. 鸟　　C. 船　　D. 耳朵

3. 一条_____　　A. 鱼　　B. 裙子　　C. 头发　　D. 新闻

4. 一张_____　　A. 脸　　B. 嘴　　C. 桌子　　D. 地图

5. 一部_____　　A. 车　　B. 字典　　C. 电影　　D. 箱子

6. 一笔_____　　A. 钱　　B. 信　　C. 好字　　D. 生意

7. 一块_____　　A. 羊肉　　B. 鸡蛋　　C. 黑板　　D. 草地

8. 一把_____　　A. 米　　B. 椅子　　C. 好手　　D. 力气

9. 一层_____　　A. 楼　　B. 冰　　C. 车窗　　D. 意思

10. 一门_____　　A. 课　　B. 外语　　C. 心思　　D. 婚事

六、判断下面的句子是否正确,用 R 标出正确的句子,用 F 标出错误的句子。Entscheiden Sie, ob die folgenden Sätze richtig sind oder nicht. Schreiben Sie R für die richtigen Sätze und F für die falschen Sätze.

1. 他写了三书。　　　　　　　　　　　　　（　）

2. 我每个天下午去打球。　　　　　　　　　（　）

3. 她说一口流利的汉语。　　　　　　　　　（　）

4. 一位班里的同学今天过生日。　　　　　　（　）

5. 他吃了一块的蛋糕。（ein Stück Kuchen）（　）

6. 还有三个站就到了。　　　　　　　　　　（　）

7. 墙上挂着一块中国画。　　　　　　　　　（　）

8. 我今年十个月回国。　　　　　　　　　　（　）

9. 不知道下午在哪教室上课。　　　　　　　（　）

10. 这只笔是父亲送给他的礼物。　　　　　　（　）

11. 她买了黑色的一双鞋。　　　　　　　　　（　）

12. 他的房间里堆了一地东西。　　　　　　　（　）

13. 我太饿了,一个人吃了两个饭。　　　　　（　）

14. 我们是一双好朋友。　　　　　　　　　　（　）

15. 公园里只有一把人。　　　　　　　　　　（　）

16. 他下个月要离开一段时间。　　　　　　　（　）

附录 C

本研究涉及的量词词频

功能分类	语义分类					
个体量词	通用量词	个	件	只		
		8 554.7	372.4	330.8		
	形状量词	条	块	张	粒	
		894.7	464.5	277.1	13.9	
	外部特征量词	把₁	口	根	顶	
		151.6	145.9	92.1	9	
	功用特征量词	部	台	笔	门	
		159.7	124.7	74.2	35	
专职量词	指人量词	位	名			
		1 091.9	449			
	动物量词	头	匹			
		61.9	21.2			
	植物量词	棵	朵			
		68.5	24.4			

功能分类	语义分类						
	功用特征量词	家	本	辆	间	封	所
		443.3	119	119	100.2	92.9	77.4
兼职量词	功用特征量词	场	堂				
		224.9	2.4				
集合量词		种	些	把2	群	双	束
		1 830.2	885.8	151.6	96.2	94.5	7.3
部分量词		段	层	页	滴	节	
		159.7	135.3	41.6	22	14.7	
容载量词		杯	盘				
		48.9	21.2				
临时量词		身	桌子	地			
		55.4	1.6	0			

问卷名词词频

	牛	马	树	花	车	书	信	商店
第二题	48.9	211.9	171.9	120.6	422.9	392	210.2	34.2
	学校	办公室						
	366.7	97						
第三题	老师	孩子	伞	帽子	比赛			
	227.4	652.7	30.2	40.7	127.9			
第四题	水	菜	路	纸	花			
	702.4	162.2	335.7	102.7	120.6			
第五题	事	衣服	礼物	要求	猫	鸟	船	耳朵
	992.5	111.6	21.2	66.8	37.5	124.7	203.7	60.3
	车	字典	电影	箱子	米	椅子	好手	力气
	422.9	6.5	99.4	31.8	35	25.3	4.1	42.4
	钱	信	字	生意	课	外语	心思	婚事
	976.2	210.2	334.9	49.7	61.9	17.1	24.4	8.1
	鱼	裙子	头发	新闻	脸	嘴	桌子	地图
	114.9	6.5	50.5	163	254.2	178.5	38.3	17.1
	羊肉	鸡蛋	黑板	草地	楼	冰	车窗	意思
	3.3	22.8	5.7	13.9	158.9	60.3	8.1	122.2

致　谢

经过一年多的写作,论文终于完成了。回首写作过程,很多人提供帮助,给予支持,在此向他们表示感谢。首先感谢导师程爱民教授。导师治学严谨,工作认真,境界高远。在论文写作过程中,我有很多不足,导师常对不合理的部分进行引导。对于学生提出的各类问题,导师均给出自己的解答。论文的成形、成稿,每一步都有幸获得导师的耐心指导。同时,感谢开题组的何勇、杨冬燕、唐曙霞、徐昌火老师,感谢各位老师在开题时对论文的提纲提出的改进意见。感谢杨雪丽老师在工作之余的指点。感谢海外教育学院所有教授课程的老师,课堂教学轻松幽默,深入浅出,我在求学期间获得很多进步。感谢德语学习期间,北京外国语大学的黄国祯、张永强、梅叶溪老师,各位老师的辛勤工作,为我以及其他同学打开了一扇窗。感谢本科学习期间,北京语言大学的各位老师,润物无声,让我受益匪浅。感谢在问卷调查中提供帮助的殷军老师,江雪、袁文莉、戈丽玛同学,大家的真诚帮助使本研究得以顺利完成。感谢调查的参与者,各位参与者的认真作答、诚恳反馈,使研究得以收集可信的资料。感谢夏钰同学、刘韡同学、徐娇嫣同学以及海外教育学院的其他同学,在学习期间,大家常常互相讨论,对学业和发展有很多帮助。感谢长期支持、鼓励我的家人与朋友，我会努力做得更好。感谢其他所有提供帮助的人，希望大家一切顺利！

葛婧婧

2014 年 5 月